La lluvia de sus ojos

THRILLER, Volume 1

Robert S. McGraw

Published by Wilmer Antonio Velásquez Peraza, 2022.

While every precaution has been taken in the preparation of this book, the publisher assumes no responsibility for errors or omissions, or for damages resulting from the use of the information contained herein.

LA LLUVIA DE SUS OJOS

First edition. July 27, 2022.

Copyright © 2022 Robert S. McGraw.

Written by Robert S. McGraw.

Also by Robert S. McGraw

Esperanzas
Oda al Mundo Nuevo

Postapocalípticos
Pluma de Ángel

THRILLER
La lluvia de sus ojos
Trece cuadras y un muerto
El lobo dorado y otros relatos
Antologia Tracce di sangue
Huellas de sangre
La Pioggia Dai Suoi Occhi

Watch for more at https://kdpeditorialdesign.com/.

Tabla de Contenido

La lluvia de sus ojos (Thiller, #1) 1
Capítulo I | Un trágico hallazgo 6
Capítulo II | Una inesperada visita 9
Capítulo III | Al encuentro de pistas 18
Capítulo IV | La entrega: un matrimonio por engaño 31
Capitulo V | El Negro Juan 42
Capítulo VI | El renacer del amor 48
Capitulo VII | Parcialmente resuelto el enigma 53
Capítulo VIII | El despertar de los celos 62
Capítulo IX | Las cartas de la confirmación 70
Capítulo X | Viviendo la mas completa felicidad 82
Capítulo XI | La lluvia de sus ojos 91
Capítulo XII | La rival, pagaría con su vida 104
Capítulo XIII | El encuentro con Leopoldo Morales 114
Capítulo XIV | Un acuerdo mortal 125
Capítulo XV | Dudas y certezas 130
Capítulo XVI | El valor de la vida 140
Capítulo XVII | Víctima de su propio plan 146
Capítulo XVIII | Juntos para siempre 149

LA LLUVIA DE SUS OJOS

© KDP Editorial Design, 2022

Tabla de contenidos:

> Prólogo

Capítulo I
Un trágico hallazgo
Capítulo II
Una inesperada visita
Capítulo III
Al encuentro de pistas
Capítulo IV
La entrega: un matrimonio por engaño
Capitulo V
El Negro Juan
Capítulo VI
El renacer del amor

Capitulo VII
Parcialmente resuelto el enigma
Capítulo VIII
El despertar de los celos
Capítulo IX
Las cartas de la confirmación
Capítulo X
Viviendo la mas completa felicidad
Capítulo XI
La lluvia de sus ojos
Capítulo XII
La rival, pagaría con su vida
Capítulo XIII
El encuentro con Leopoldo Morales
Capítulo XIV
Un acuerdo mortal
Capítulo XV
Dudas y certezas
Capítulo XVI
El valor de la vida
Capítulo XVII
Víctima de su propio plan
Capítulo XVIII
Juntos para siempre

Prólogo

LA LLUVIA DE SUS OJOS es una extraordinaria historia de investigación y suspenso que te mantendrá atado a su lectura hasta su desenlace, un magnífico deleite para ti que eres amante de este género.

El autor a través de su exuberante narrativa te pasea por paisajes y panoramas de la Cuba de Batista al tiempo que te muestra facetas del sentir de los seres humanos en sus más extraordinarios matices.

La pureza del amor y la compasión, el deseo de servir al prójimo con dedicación y entrega, así como la envidia, la traición, los celos, y otros abyectos sentimientos albergados en el alma humana se muestran en los personajes que se desarrollan dentro de la trama.

LA LLUVIA DE SUS OJOS revela en cada letra de su contenido el talento del autor, descubrimiento su conocimiento de la naturaleza humana, así como del maravilloso don de saber amar sin esperar nada a cambio porque la felicidad sólo se regala al prójimo cuando somos felices con nosotros mismos y esa gracia brota desde lo más íntimo del ser.

Cuando llevamos vidas sencillas y entregadas a servir a los seres que amamos, no estamos esperando que almas llenas de envidia y egoísmo sean capaces de planear traiciones y males, menos cuando se trata de nuestros familiares más cercanos.

Como inocente ave perdida en su dolor, la belleza física y el ambiente de la gran ciudad la llevaron a vivir circunstancias no deseadas, sin rumbo, ni dirección predeterminada.

El reencuentro con el amor de su vida, la salvaría de una vida de llena de despropósitos, y el candor de su alma afloraría con gran esplendor.

Un asesinato planificado con el fin de eliminar a la rival se transforma de forma inesperada en castigo divino a la traición.

Más allá del egoísmo, la envidia y los celos brotó de su alma la necesidad de no permitir el asesinato de su hermana, cayendo víctima de su propio plan de odio.

Ello trae una solución para dos vidas separadas por la envidia y el engaño permitiendo el renacer del amor y el surgimiento de una hermosa relación nunca manchada sino por el dolor de la separación forzada.

En fin, desde mi deleite con tan hermosa obra, te invito a conocer al detalle la magnífica trama de LA LLUVIA DE SUS OJOS, disfrutando de cada aspecto de la excelente narrativa y de la profundidad y riqueza emotiva expresada en cada capítulo, al tiempo que vives la emoción y el suspenso ante su sorprendente desenlace.

ANA ELIZABETH DUARTE HERNÁNDEZ
Ing. Agr. Copywriter redactora y curadora. Marketing de contenidos SEO.
Anaeduarte21@gmail.com
agrorenovado@gmail.com

Capítulo I
Un trágico hallazgo

Era una madrugada extrañamente brumosa. El viento traía una fina y salada lluvia desde el mar cada vez que las olas rompían contra el diente de perro de la costa, labrada durante siglos con la inigualable paciencia del agua y el aire.

Un malecón de hormigón separaba las rocas salvajes de una interminable y sinuosa calzada.

Algunas ventanas, dibujadas en las fachadas de viejos edificios coloniales, permanecían iluminadas a pesar de la hora, recordándoles a los pocos transeúntes que mucha gente todavía celebraba el comienzo del año 1957.

Se escuchaban quedamente, entremezcladas en el aire, sones y boleros, guarachas y cha-cha-cha provenientes de algunos gramófonos.

Dos figuras caminaban trabajosamente, una al lado de la otra, por la ancha acera junto al malecón habanero. Eran dos hombres que vestían ropas idénticas, cubiertos con una gruesa y larga capa gris de hule que brillaba cuando alguna luz se reflejaba en ellos, producto de la fina película de agua que les cubría.

Uno portaba una linterna innecesaria en esos momentos, pues los faroles del alumbrado público proyectaban círculos amarillentos cada treinta metros, permitiendo ver lo suficiente, incluso con ese clima.

De vez en cuando un haz de luz, proveniente del faro del Morro, barría todo el litoral, cortando en dos la oscuridad de la noche y dejando a su paso ciegos por un unos instantes, a los que se atrevieran a mirarlo directamente. Luego se marchaba al mar, oteando el horizonte en su búsqueda eterna de almas en problemas para guiarlas a puerto seguro.

Los dos guardianes conversaban entre dientes y apuraban el paso para terminar la ronda e irse a descansar.

- ¡Es una noche endiablada para estar aquí afuera! Me vendría bien un trago de ron para calentar el esqueleto.
— Cuando lleguemos al cuartel te doy de lo que me quedó de ayer.
— Entonces apúrate, ya tengo las pestañas llenas de salitre.
— ¡Espera! Creo que vi una silueta allá abajo...
—Dijo uno de los guardias, sosteniendo al otro por la manga del impermeable e improvisando una visera con la mano libre, para evitar que el agua salada se le metiera en los ojos. Miró hacia la costa cerrando los párpados, hasta no dejar más que una fina hendidura.
Los dos hombres se acercaron al muro que separaba la civilización de la furia del mar. El de la linterna, la alzó todo lo que pudo para distinguir mejor lo que su amigo le indicaba.
En efecto, parado a solo tres o cuatro metros del agua, un hombre delgado y alto parecía meditar sobre si lanzarse a las olas o terminarse la botella que mantenía fuertemente agarrada con su mano derecha. Con la izquierda señalaba hacia el mar, como debió hacer el primer español que vio la flota inglesa en el horizonte de La Habana.
— ¡Otro maldito borracho! ¿Por qué le gustará tanto el agua a esta gente? ¿Tú no vas a...
—No. A mí no me mires. Yo saqué al último y era mucho más grande que ese...
–Dijo el más alto de los dos, cortando a su compañero, alzando los brazos y retrocediendo dos pasos.
Tras un gesto de resignación y con una agilidad que no aparentaba, el otro policía saltó por encima del ancho muro y se acercó al sujeto que permanecía inmóvil.
— ¡Eh, amigo! No quiero tener que usar la fuerza para sacarte de aquí. Así que deja para otro día lo que estés planeando y regresa conmigo allá arriba. Además, el agua está congelada.
—Le gritó al extraño que se tambaleaba, mientras se encogía un poco y cerraba los brazos para contrarrestar el frío.

El hombre no se movió, ni siquiera parpadeaba. Parecía sufrir una especie de trance. La ropa estaba empapada por el agua salada y su mano se levantó, señalando hacia la nada, en un gesto absurdo que le daba el aspecto de un espantapájaros sin uno de sus brazos.

El guardia siguió instintivamente la dirección que marcaba y su vista cayó en un amasijo flotante de redes de pesca y algas, a unos cinco metros del rompiente. Parecía que un delfín o un manatí se había enredado con ellos. Por un instante, el torrente de luz del faro recorrió las aguas de la bahía e iluminó la masa sin forma, sobre la cual tenían puesto la vista los tres hombres.

De entre los cordeles y las plantas acuáticas, sobresalía algo blanco que reflejó toda la luz como un espejo. Era una mano deforme e hinchada, pero indudablemente una mano humana.

La calma de la lluviosa noche habanera se vio rota por un agudo y prolongado silbido de policía, anunciando el trágico hallazgo.

Capítulo II
Una inesperada visita

Cuando desperté el sol ya calentaba bastante. Era domingo, así que me podía dar ese lujo. Me senté con los sentidos un poco aturdidos todavía por efecto del alcohol.
Busqué del otro lado de la cama con la certeza de que algo iba a estar allí y en efecto, un cuerpo desnudo asomaba entre las sábanas haciendo un bonito contraste con el edredón. El cabello castaño le cubría el rostro, pero dejaba ver sus pequeños y bien formados pechos. Lo aparté con un suave gesto y apareció la cara de una bella mujer. Mientras sonreía mentalmente me felicité. No estaba nada mal para un cuarentón como yo y si contaba que no tuve que pagarle, como casi a todas las mujeres que terminan en mi apartamento, entonces tenía el mérito doble.
Me metí al baño para sacudirme la modorra y el agua fría se llevó los restos de la resaca. Me cepillé los dientes y salí envuelto en una toalla, conteniendo la respiración para ocultar las libras de más que ya se acumulaban peligrosamente en mi vientre, con la idea en la cabeza de seguir el combate con la escultura que todavía dormía en la cama; pero al parecer ella no pensaba igual.
Ya estaba vestida, con la cartera en una mano y la puerta en la otra. Me dirigió una sonrisa sardónica y salió sin decir una palabra.
No sé por qué, pero me pareció que la falta de alcohol en su cerebro le llevó a la conclusión de que ese no era un apartamento de lujo y que yo no era un abogado, como recordaba vagamente haberle dicho la noche anterior. Un poco decepcionado y herido en mi amor propio, me dispuse a hacer lo que hacía todos los domingos; absolutamente nada.
Después del almuerzo, me encontraba a punto de dormirme mientras leía "El tonel de amontillado", cuando alguien llamó suavemente a la puerta. Alguien que no hizo ruido al subir la escalera, ni se apoyó en la baranda suelta, evitando que sonara contra el mármol del piso.

Alguien educado como para no tumbar la puerta y definitivamente alguien desconocido; porque si no lo fuera, sabría que los domingos son sagrados para mi mente y mi cuerpo.

Ignoré por completo la llamada con la vana idea de que desistiera, aunque sabía muy en mi interior, que no sucedería así; nadie sube cuatro pisos para luego rendirse a la primera. Volvió a tocar como predije con mi entrenado instinto detectivesco. Esta vez fue más fuerte y acompañando el golpe con una voz que me levantó del sofá como si me hubiesen pinchado.

—Señor Alcaraz. ¿Señor Alcaraz?

—¿Quién llama?

Era una pregunta retórica. Le iba a abrir la puerta así me dijera que era la muerte y que me cortaría la cabeza con una vieja y oxidada guadaña. Abrí solo un poco, de modo que podía ver de quién se trataba sin necesidad de salir.

No era una mujer, era una alucinación envuelta en un vestido negro, que no conseguía ocultar las curvas de su portadora, aunque no creo que ese fuese su objetivo.

Su piel de marfil contrastaba con la tela como las teclas de un piano, tanto que daban ganas de tocar alguna sinfonía sobre ella. Entre el fin del vestido y los zapatos de tacón, alguien había tallado dos columnas perfectas, sosteniendo una escultura de carne y hueso, que me miraba consiente del efecto que producía en mí.

No me sentí culpable de mi vulnerabilidad, hasta las piedras voltearían a mirarla si tuviesen ojos. No obstante, no parecía importarle mucho, casi podría decirse que le molestaba ser tan hermosa, cosa que la hacía más atractiva aún.

En su preciosa cabeza traía un sombrerito también negro, ladeado hacia su derecha, del que caía una rubia cascada que rebotaba en los desnudos hombros, enmarcando de paso la cara más encantadora que jamás había visto. Me pregunté cuántos hombres de este planeta le dirían:

-Disculpe señorita, pero yo no atiendo a nadie los domingos, así que regrese otro día si quiere.
Su voz no me permitió responderle.
— ¿Es usted el señor Alcaraz?
— Sí, yo mismo soy
—Dije poniendo la mejor cara de estúpido que pude, mientras buscaba un balde para recoger la saliva que caía de mi boca.
—Necesito contratar sus servicios. Me dijeron que podría encontrarlo aquí. ¿Puedo pasar?
Antes de que terminara la pregunta ya había cerrado la puerta. A la velocidad de la luz recogí los calcetines del piso, la camisa del sofá, el libro de mi buen amigo Poe y las colillas del cenicero. Me vestí con una mano y me peiné con la otra. Abrí la puerta y allí estaba todavía. La invité a entrar.
—Pase, por favor. Lo siento, no trabajo hoy y no estaba preparado para recibir visitas.
—No se preocupe señor Alcaraz; debí haber avisado que vendría, pero tenía tanto apuro que...
—Por favor, llámeme, Antonio o Tony, como mis amigos y no tenga cuidado, siempre es un placer una visita tan hermosa.
No se sonrojó ni medio tono, seguramente ya estaba acostumbrada a que la lisonjearan. Le señalé mi mueble más cómodo y como había recuperado la compostura, me dispuse a tomar las riendas de la conversación como todo un profesional, aunque no podía dejar de mirar aquellas piernas.
Se sentó en la punta del mueble con las rodillas juntas y ladeadas en la misma dirección del sombrero, adoptando una pose algo aristocrática al sostener su cartera con ambas manos sobre las piernas.
—Si no le importa iré directamente al asunto. Mi nombre es Marta, Ana Marta. Hace dos semanas que no sé nada de mi hermana y un amigo suyo de la policía me recomendó venir a verlo. Dice que es muy bueno siguiendo rastros y que es muy discreto.

— ¿Y ese amigo es...?
— El capitán Chivás
Por supuesto que era él. No conocía a más nadie en la policía, pero me encantaba hacerme el importante con los clientes y era el momento de ganarme un poco de puntos con la rubia.

El capitán y yo éramos buenos amigos, aunque casi nunca nos veíamos fuera del cuartel. Desde que le ayudé con un caso que resolví más por casualidad que por intelecto, me mandaba algunos clientes que querían solucionar sus problemas con discreción.

Casi siempre eran mujeres que huían de sus esposos, hombres que escapaban de sus esposas o jóvenes que se marchaban de sus casas. Así me ganaba la vida y de paso le aliviaba el trabajo al capitán, quien a veces recibía el elogio de sus superiores y yo el dinero de los clientes.

— ¡Sí, como no, el buen capitán Chivás! —fingí recordar.

— Bueno, ¿en qué puedo serle útil, señorita Marta?

— Como ya le dije, hace dos semanas que no sé nada sobre el paradero de mi hermana, Gloria. Ella siempre va a verme cada dos o tres días en las mañanas y los fines de semana me llama por teléfono invariablemente. De pronto no supe más de ella. Nadie la ha visto, ni en la pensión ni en sus alrededores, como si la tierra se la hubiese tragado.

Su pecho se agitaba en la medida que hablaba y los ojos, claros como un manantial de montaña, se llenaban de lágrimas sin brotar. Me dieron unos deseos inmensos de abrazarla, pero me contuve. En su lugar le ofrecí café.

—Voy a hacer café. ¿Desea una taza? Lo hago bastante decente.

Ella asintió con la cabeza. Fui a la cocina y preparé le cafetera con la habilidad y rapidez de un hombre soltero. Le pregunté la cantidad de azúcar deseada. Tomé dos tazas, le puse una cucharada a una y dos a la otra. Vertí el líquido en las tazas y se la llevé a mi futura esposa.

Ella me lo agradeció con la cabeza y bebimos despacio y en silencio.

Encendí un cigarrillo y le ofrecí otro a mi futura esposa. Lo rechazó amablemente y sacó uno de su cartera, manteniéndolo en el borde de sus rojos y carnosos labios.

Con un gesto ensayado miles de veces, encendí una cerilla y le brindé fuego a mi futura esposa. Aspiró una bocanada larga y continuó la conversación donde la había interrumpido.

—Perdone que sea tan directa, pero mi esposo me recogerá en media hora y aún no hemos acordado nada.

Como se había acabado de joder lo de mi futura esposa, me concentré nuevamente en el trabajo.

— ¿Tiene algún otro familiar con quien su hermana pudo haber ido?

— No lo creo. Tenemos otra hermana aquí en La Habana, pero ella no sabe dónde vive y un tío alcohólico en igual condición, en algún solar de San Isidro.

— ¿Alguna foto de su hermana... Gloria, ¿alguna carta, una idea de dónde podría estar? Cualquier cosa en estos casos puede ser de utilidad, aunque parezca que no tiene relación.

Buscó en su enorme bolso negro. Luego me extendió una foto y la mitad de un sobre vacío.

En la foto estaba retratada una joven casi tan bella como ella, posando junto a un farol del alumbrado público con un vestido demasiado corto y muy maquillada para esa hora del día. En una postura algo atrevida dejaba ver buena parte de las piernas y sonreía con cierto descaro. Su figura se reflejaba en la vidriera de una tienda de zapatos que le servía de fondo.

El sobre tenía escrita a mano una dirección en el lugar del remitente, pero la del destinatario la habían rasgado.

— Había un hombre, alguien especial que llegó a su vida hace poco. Estaba emocionada por ese hecho, pero no me quiso decir de quién se trataba. Cuando yo quería abordar el asunto, se ponía nerviosa y cambiaba de tema. Me llamó la atención porque ella no es así. Cuando se enamoró era solo una adolescente y le salió tan mal que nunca más tomó en serio ninguna relación. Solo me decía que pronto haría un gran cambio en su vida, para retomarla donde la dejó.

— Quizá se refería a estudiar o cambiar de trabajo.

— No. Cuando hablaba, se le iluminaban los ojos de una manera que no puede significar otra cosa que amor. Nosotras tenemos un sentido especial para eso. Usted no entendería, sin que se ofenda.

— No me ofendo. Siendo tan hermosa me imagino que tenga mucho más experiencia que yo en cosas del amor.

Ahora sí se sonrojó y para mi sorpresa se veía más bonita todavía.

— He venido buscando ayuda y usted no para de coquetear conmigo.

Se paró bruscamente y se dirigió a la puerta, amenazando con dejarme solo.

— Es usted del campo, ¿cierto? Huérfana, seguramente y es la mayor de las tres hermanas. La otra logró lo mismo que usted, conseguir un buen partido, pero las relaciones entre ustedes están tocadas, no tanto entre usted y ella, pero sí entre ella y la desaparecida. ¿Problemas de amores quizá? Sí, eso suele pasar entre hermanas tan hermosas.

La señorita Marta se detuvo y subió la barbilla dándome la razón, pero no se volteó, como esperando más de mí.

— Su hermanita se gana la vida de una manera no muy honrada, con lo cual yo no tengo ningún problema si me pregunta. Ella es la oveja negra de la familia, pero usted le ama, por eso la ayuda económicamente y se mantiene al tanto de sus problemas. Y usted se puede quedar todo el tiempo que quiera, pues su esposo no vendrá a recogerla.

Dejó escapar el aire que mantenía retenido, relajó el cuerpo y volvió a buscar en su bolso mágico.

Esta vez dejó caer en la mesa un sobre bastante grueso y siguió su camino hacia la puerta. Al llegar se volvió y me miró con cierta curiosidad.

— Parece que es tan bueno como parece. En el sobre está la primera paga. Si necesita más, cuando regrese dentro de una semana, nos arreglamos.

— La foto que me mostró fue sacada de un cuadro, aún tiene las huellas del marco. ¿Dónde la consiguió?
Entreabrió los labios, sorprendida por mi súper poder de deducción. Yo aproveché para acercarme y mirarme en sus ojos. Tenía otra vez el control de la situación. En una relación, no importa de qué tipo, todo se reduce al control.
— Fui a su apartamento. Es un lugar espantoso. Cuando usted vaya verá de qué le hablo.
— Por ahora quiero que no se preocupe sin razón, no se adelante a los acontecimientos. Nada dice que pasara algo malo.
— Me gustaría pensar eso. Es usted muy amable.
— Quizá ya rentaron el apartamento de su hermana.
— No.
—Respondió enseguida,
— Dejé pago todo el mes.
— Una última pregunta: ¿Por qué en la policía no le ayudaron?
— El esposo de mi otra hermana es un político muy influyente, parece que su amigo no quiso verse involucrado.
—¿Y qué le hace pensar que yo sí? —dije acercándome peligrosamente.
— Sé que lo hará. Me ha causado una buena impresión señor Alcaraz, me alegro de haberlo conocido.
Salió de la estancia sin darme tiempo a pensar en algo para retenerla, quedando claro que la última palabra era suya. Dejó en el aire un suave olor a violetas que duró toda la tarde y la noche.
Traté de leer algo, pero no podía concentrarme, ni siquiera con la ayuda de mi amigo Edgar. Así que me vestí y salí a comer y a caminar un rato. Regresé a eso de las nueve de la noche, me bañé y me acosté observando la fotografía de la joven desaparecida.
Miré cada rasgo de su cara y de su cuerpo, hasta convencerme de reconocerla entre un millón de mujeres, aunque cambiara de color de pelo o de peinado.

Era tremendamente bella como su hermana, pero era de una belleza alcanzable, terrenal. La que conocí personalmente era de esas que ponemos en un altar y la adoramos el resto de nuestras vidas. Aunque nos inyecte veneno directamente en las venas, seguiríamos poniendo el brazo para la próxima dosis.

Me quedé dormido con la foto sobre mí y tuve sueños eróticos con mi cliente como si fuera un adolescente. Por la mañana, abrí el sobre y conté el dinero. Había el triple de lo que cobraba por semana. Primero sentí pena por Marta, pero después se me quitó al recordar que era casada y que el dinero era seguramente de él.

Me afeité y me dispuse a trabajar. El sobre, con la dirección de la hermana desaparecida, sería un buen comienzo. No sé por qué, pero me sentía con suerte.

Aún no había salido el sol; pero la claridad permitía ver perfectamente cuando, entre cinco hombres, pudieron sacar un cuerpo desfigurado del agua. Lo pusieron sobre una lona gruesa y con cuchillos cortaron la red de pesca que mantenía todo el conjunto en una pieza. Devolvieron al mar las plantas acuáticas y tres cangrejos, separaron el cuerpo de los cordeles de nylon que se habían incrustado en la carne de la desafortunada chica y se la llevaron a la morgue. Allí le realizaron la autopsia. No fue muy difícil dictaminar la causa de la muerte.

Una depresión, perfectamente circular del tamaño de una bola de billar en su cráneo, no dejaba lugar a dudas. Los pulmones estaban limpios, por lo que cuando la lanzaron al mar ya estaba muerta.

Por lo demás, el cuerpo tenía múltiples mordidas de animales y el rostro irreconocible. Le faltaba la pierna derecha a la altura del muslo y el brazo izquierdo completo, todo estaba hinchado y desagradablemente blanquecino por el tiempo que se mantuvo expuesto a los medios.

El forense dictaminó que llevaba muerta al menos una semana, aunque con un margen de error importante, por el estado de descomposición que presentaba.

Al parecer le ataron algo pesado al pie para hundirla, pues todavía tenía un pedazo de soga atado al tobillo y el cabo suelto se encontraba deshilachado.

Quizá un tiburón u otro pez grande tratando de devorarla, la desprendió de su ancla y se enredó con las redes de algún pescador. Luego, al llenarse de gases el cuerpo, salió a la superficie.

Se documentó todo con lujo de detalles, incluyendo marcas, lunares, cicatrices, talla, peso aproximado, color de pelo, etcétera.

Después la policía comparó los datos con los reportes de personas desaparecidas.

Dos o tres interesados vinieron a verla sin poder reconocerla y se archivó el caso ante la falta de coincidencias.

Se incineró el cuerpo a los siete días, por la falta de espacio refrigerado en la morgue y se le dio sepultura en una fosa común del cementerio de Colón.

La policía averiguó sin muchas ganas ni pistas y todo quedó en el olvido, cerrando el caso. Cuando alguien no le importa a nadie, vive una vida solitaria, y cuando ese alguien muere, es como pasar por el mundo sin dejar huellas.

Aunque lo contrario tampoco es la gran cosa, después que mueres da lo mismo si te recuerdan o no. Igual, estás solo.

Capítulo III
Al encuentro de pistas

El edificio en el que alquilaba Gloria era de dos plantas empotrado entre otros dos idénticos. Su balcón era el del centro, en una fachada de tres. El inmueble compartía, como casi todas las edificaciones de La Habana, el mismo portal con el resto de la cuadra. Cientos de columnas soportaban otros tantos arcos de piedra que se extendían en todas direcciones, proporcionando sombra y fresco a los que transitaban por ellos, de forma tal que podría pasear por horas sin sufrir el fuerte sol de la isla.

Crucé los tres metros de granito pulido que separaban la acera de la puerta, hecha de tablas de madera dura, amachimbradas y unidas con pernos de bronce. Estaba abierta y entré.

Un piso de mosaicos que necesitaba una buena limpieza me dio la bienvenida. A mi derecha, un buró de caoba sin barnizar soportaba el peso de una carpeta desteñida, un libro grande abierto y una campanilla. Detrás del conjunto se amontonaban periódicos amarillos y cajas de cartón con logotipos de varias marcas de jabón. Algo que aparentaba ser una pintura colgaba de la pared flanqueada por dos lámparas de cobre bruñido. Debajo del cuadro colgaban tres juegos de llaves en una pequeña pizarra.

Usé la campanilla varias veces. Cuando las arañas casi terminaban de envolverme con sus telas para dejarme podrir y comerme luego, apareció el encargado, estirándose y secándose la cara con una pequeña toalla gris o blanca, no podría decirlo con seguridad. Vestía una camisa blanca... o gris, remangada y mal abotonada y un pantalón azul (de eso sí estoy seguro) que se sostenía gracias a unos tirantes que pasaban por encima de sus hombros.

— ¿En qué puedo ayudarle, amigo mío? —me preguntó, ocultando la toallita en el bolsillo trasero del pantalón y metiéndose los dedos pulgares en los tirantes.
— Buenos días. Estoy buscando a la inquilina del número 102.
Estos edificios no tienen más de seis habitaciones, pero sus dueños le ponen esos números, porque al parecer, piensan que así suenan más rimbombantes.
— Es muy popular su amiga por estos días.
Se sentó tras el buró y se reclinó, sacando hacia delante la panza y preparándose para una batalla verbal. Yo no tenía tiempo para convencerlo por las buenas ni para conversar, así que puse el retrato de la chica junto con un billete sobre la carpeta sucia. Sabía que la foto no hacía falta, pero era una prueba de que la conocía.
— ¿Por qué no me dice cuándo fue la última vez que la vio?
El señor, que me parecía menos simpático que al principio, al parecer tenía el don de la telequinesia, porque no pude ver cuándo cogió el dinero, pero ya lo tenía en la mano.
— Esa foto estaba en la mesita de noche de la señorita, hace dos días.
Me miró, esta vez con recelo.
— ¿Es policía?
— Soy investigador privado.
— ¡Así que la hermanita lo contrató! Tiene suerte, amigo, todos sabemos cómo terminan esas historias de detectives y chicas guapas.
Quiso poner cara de pícaro, pero parecía un perturbado mental, mirando una niña de diez años. Al ver mi expresión de asco, dejó de sonreír y retornó la vista a la foto, fingiendo recordar algo.
— La última vez que la vi, fue el veintitrés de diciembre. Lo recuerdo porque le dije que no estuviese tan triste faltando un día para Nochebuena. Ella no me hizo el menor caso, me pagó el mes que debía y se metió en su apartamento.
— ¿Triste, no sabe por qué estaba triste?

— Hacía dos días que su novio no venía y le cayó el mundo encima. Pero el verdadero problema fue a la mañana siguiente, cuando él la visitó.

— ¿No me dijo que la última vez que la vio fue el veintitrés?

— Y así fue. Esa mañana no la vi. Yo me preparaba para ir a ver a mi hija y escuché el escándalo cuando salía.

— ¿Y qué decían?

— ¡No, no, no yo no me meto en las cosas de mis inquilinos, no faltaba más!

Le tiré otro billete que agarró en el aire, con la habilidad de un ave de presa. Este tipo prometía como ilusionista.

— Bueno, en realidad solo escuché palabras sueltas como... "claro que es tuyo", "ella es la puta" y "me traicionaste", la que gritaba era ella, el hombre hablaba tan bajo que ni pegándome a la puerta pude escuchar nada.

— Así que, pegándose a la puerta, ¿no?

El hombre pareció un poco contrariado. Aproveché para pedirle ver la habitación.

— ¡Pero eso es violar la ley, amigo mío...!

Interrumpí su protesta poniendo otro billete sobre el mostrador con un manotazo. Él lo miró como si fuera una cucaracha y lo aplastó, antes que se extinguiera el eco del golpe sobre la caoba.

En su lugar dejó dos llaves muy gastadas engarzadas a una plaquita metálica con el número 201. Cuando me marchaba, el sujeto trató de intimidarme.

— ¡Oiga, tengo todos los artículos bien contados!

Sin detenerme, le clavé una mirada justo entre los dos ojos y me dirigí a las escaleras mientras se desangraba a borbotones sobre el mueble. Caminé hasta encontrar la puerta que buscaba. Inserté la llave y la giré suavemente, casi con miedo, como si de pronto la mujer pudiese aparecer y gritarme, pero nada pasó. En cambio, me recibió un vacío frío y ausente.

Un perfume de flores marchitas golpeó suavemente mi nariz. Cerré la puerta tras de mí y observé el panorama que ofrecía el pequeño apartamento. Dos copas casi vacías, mostraban varias marcas, producto de la evaporación del vino día tras día.

Un zapato de mujer en la sala, seguramente de la desaparecida; el cenicero lleno a reventar, un centro de mesa con un ramo grande de flores muertas.

Fui al cuarto. Allí encontré el mismo ambiente de desolación y pérdida. Gavetas y armarios abiertos, vestidos por el suelo. No hacía falta un cadáver para saber que aquí había muerto alguien.

Con el apartamento fue mejor que con el casero. Si sabes preguntar bien, los objetos te dirán muchas cosas y lo mejor es que no mienten como los humanos.

Sin duda alguna Gloria se dedicaba a prostituirse. Su ropa, sus fotos y hasta el maquillaje lo decía. Por otra parte, era metódica, ordenada y muy limpia. El apartamento, a pesar de ser de alquiler, estaba muy personalizado, como si quisiera hacer de este lugar de paso un hogar. En el baño encontré una pista importante.

La cortina había sido arrancada de un tirón, rompiendo varios anillos metálicos y dejando un jirón enganchado en uno de ellos.

En la mesita de noche hallé un diario y una libretica donde la joven apuntaba teléfonos, direcciones y fechas, que parecían a todas luces clientes regulares.

Descubrí que, durante los últimos cuatro meses, las citas disminuyeron hasta desaparecer por completo y su lugar se ocupó con apuntes románticos.

Su hermana tenía razón, la chica estaba enamorada, o al menos eso creía. Casi todo se refería a un tal "bigote", y a planes de un futuro mejor y feliz. Luego vi algo que quizás fuese el motivo de su muerte. En letras pequeñas y nerviosas se preguntaba a sí misma: ¿Estoy embarazada?

Lo que encontré luego era más preocupante aún. Completamente tachada con furia, apenas se podía leer la palabra cobarde en grandes caracteres. Tan fuertes eran los trazos que se rasgó el papel y el grafito se partió. Deduje por todo lo visto, que "bigote", era un cliente con dinero suficiente como para monopolizar a una chica joven y popular como Gloria; luego se convirtió en su amante, visitándola en su apartamento en lugar de la calle.

Ella creyó que el hombre dejaría a su mujer cuando quedó embarazada, lo que desató la retirada a todo galope del bigotudo.

El resto no estaba claro todavía. Si el hombre era tan poderoso o tan cobarde como para matarla, quedaba por averiguar.

Lo que sí estaba claro era que en este apartamento murió o fue herida la hermana de mi cliente, cosa que ella seguramente sabe o sospecha.

Ahora entendí por qué me dijo que era un lugar espantoso. No era por el lugar en sí, que de hecho estaba bastante decente, era por el ambiente de muerte que se respiraba en cada objeto.

Ya salía del cuarto cuando algo llamó poderosamente mi atención. Algo que no percibí en el momento, pero que se me presentó como cuando uno olvida algo sin saber lo que es.

Regresé y miré otra vez detenidamente, hasta encontrar lo que me molestaba. En la habitación todo era simétrico. Cada objeto tenía su hermano gemelo. Las dos mesitas de noche, las dos sillas al pie de la cama, dos lámparas de cristal a los lados del espejo. Hasta las figuritas decorativas venían de dos en dos. Solo un objeto que se podía duplicar estaba sin su pareja.

Sobre el estrecho y alto escaparate de madera, colocada en el mismo centro había una figura de la Caridad del Cobre de unos cuarenta centímetros y a su lado izquierdo, un candelabro de bronce macizo de una sola vela.

Donde debería estar el otro no había nada. Me paré en puntillas y miré la superficie superior del mueble. Allí mismo, donde debería estar la pieza de bronce, observé una marca circular en la fina capa de polvo, exactamente del mismo tamaño que la base del otro candelabro.

No me cupo dudas, alguien golpeó a la chica con él y luego arrancó la cortina del baño para envolver el cuerpo y se llevó el candelabro, seguramente porque quedó roto o manchado de sangre. Nada más tenía que buscar aquí.
Bajé las escaleras y me sorprendí al ver que el encargado aún estaba con vida. Ser educado no me serviría de mucho. Lo atrapé por las solapas de la camisa y lo empujé contra la pared.

— Ahora mismo me vas a decir quién es el hombre que visitaba a la chica del 201 y no esperes más dinero, ¡porque te juro por Dios que te parto un brazo! —le grité al temeroso hombre.

— Sólo lo he visto de lejos —me respondió realmente asustado.

— Cuando viene, su hombre me obliga a esconderme en mi cuarto y luego me paga después que se marcha, no veo a su jefe.

Lo sacudí un poco más, le enseñé los dientes y continuó hablando.

— Tiene las patillas y el bigote blancos, pero es de cabello negro, le juro que es lo único que sé. También es alto, como usted.

Lo solté sin darle las gracias y salí. Las cosas que vi en la habitación de Gloria me pusieron de mal humor.

Lancé la plaquita metálica con la llave por encima del buró y mientras me alejaba, escuché a mis espaldas el sonido metálico al chocar con el piso y la posterior protesta del encargado que no llegué a entender.

Me largué del edificio y fui directo al cuartel de la policía, donde residía mi buen amigo el capitán Chivás. Por el camino me calmé un poco, compré una cerveza bien fría para mitigar el calor que me había producido confirmar un asesinato y por el sol, que ignoraba que era enero en esta parte del mundo.

El cuartel era como la mayoría de los cuarteles, frío, gris, impersonal, con muchas banderas y más policías. Semejaba un castillo medieval, pero mucho más pequeño y sin foso ni puente levadizo. Los caballos y gallardos caballeros en armaduras fueron sustituidos por carros patrulleros y uniformados; los tapices y obras de arte, por retratos de héroes y ex presidentes de la república.

Me presenté en la recepción y le indicaron a un joven que me guiara al capitán. Lo seguí por un entramado de pasillos que mi acompañante parecía conocer mejor que su casa y que yo había recorrido varias veces, pero que nunca pude memorizar.

Se detuvo frente a la puerta del despacho del capitán, tocó suavemente y entró por unos segundos, al cabo de los cuales salió, dejándome la puerta abierta para que yo entrara.

Le di las gracias y se fue, no sin antes cuadrarse y saludar a su jefe, llevándose la mano a la visera de la gorra.

La oficina era lo más corriente que se pueda uno imaginar, con los mismos colores que en el exterior y telarañas en las esquinas y detrás de los muebles.

En las paredes solo había mapas de la ciudad, con banderitas y alfileres encajados en diferentes lugares, una bandera cubana desde el techo hasta el piso y un retrato del general Batista con aires napoleónicos, que miraba desafiante a todo el que se atreviera a entrar al despacho.

Estantes verdes con archivos que sobresalían de las gavetas, ocupaban una de las cuatro paredes. Frente a ellos, un macizo escritorio de roble protegía la figura del capitán contra cualquier ataque nuclear que se efectuara en su contra.

Él me sonreía meciéndose hacia los lados con su silla giratoria, seguramente feliz de ver otra cara que no fuera la de los soldados.

—Mi buen amigo, el Sherlock Holmes de La Habana —me dijo en tono de broma, pero sin sarcasmo—. Como ves, mi trabajo no es tan glamoroso como el tuyo —y señaló los bultos de papeles que se podrían sobre el buró.

— Pero alguien tiene que hacerlo y en eso eres el mejor.

— No seas guatacón, esto lo hace cualquiera.

— Sí, pero tú lo haces con estilo.

Se rió estruendosamente y me tendió una mano musculosa y firme. Aún el trabajo de oficina no lo había ablandado por completo.

— Siéntate ahí —me ordenó, señalándome la única silla aparte de la suya en la habitación.

Me senté y el capitán sacó de una gaveta una botella de Bacardí medio vacía y un vaso no muy limpio. Puso el vaso al lado de otro, que todavía tenía un poco de ron y los llenó generosamente sin yo pedírselo, me extendió uno y sin brindar se llevó el suyo a la boca, vaciando la mitad de su contenido de un solo sorbo. Quizá el capitán tenía un problema de deshidratación.

— Me imagino que vienes por lo de la rubia despampanante, ¿verdad? Ya mandé a un subordinado a traer los archivos de hace quince días para acá, aunque ella los vio y no encontró nada.

— Tú siempre tan eficaz en el trabajo.

— El trabajo me tiene ya hasta la coronilla. La peste a papel viejo no se me quita ni bañándome con jabón Candado.

— A cambio recibes un buen salario y un retiro asegurado.

— Sí, supongo que nadie está contento con lo que tiene —dijo mirando incrédulo al vaso, tratando de recordar quién se había tomado la mitad del líquido.

Al fin pareció no importarle y se apresuró a vaciarlo, haciendo una ligera mueca cuando pasó por su garganta.

—Estuve en la casa de la hermana desaparecida y todo indica que tuvo un accidente fatal y ahora debo encontrar el cuerpo.

— Crees que alguien la ayudó a tener ese accidente, ¿no?

— Eso pienso. Si la encuentro, podré pagar el alquiler de todo el año.

— No te preocupes mi amigo, tú vas a pagar el alquiler y si no, te vienes para acá y yo te hago un espacito entre los archivos y los papeles. Te ponemos una camita aquí, al ladito mío y todo solucionado —dijo riendo a carcajadas. Hoy estaba muy risueño, más de la cuenta diría yo. Tocaron a la puerta y, después de la aprobación del capitán, entró el mismo muchacho de antes, con una abultada carpeta que puso frente a su jefe.

Se paró en posición de atención, saludó, dio media vuelta y salió del despacho. El capitán deslizó la carpeta a través del buró, como si me echara un hueso con mucha carne y se recostó nuevamente. En ese momento, me pareció un hombre muy cansado.

— Ahí tienes todo lo que se sabe, lo demás depende de ti. Espero que si resuelves el caso te acuerdes de mí. Con todo el problema de los dichosos barbudos, no tengo tiempo ni ganas de ocuparme de estas cosas. Además, esa mujer traía puestos unos zapatos que valían todo mi salario de un mes; con esa gente no me gusta lidiar, son muy sofisticados. Me gustan las cosas simples.

— Eso y que la desaparecida es cuñada de un político.

— Por eso mismo, si lo resuelves sin escándalo me lo traes, si no, a ti no te afectará lo que descubras. A lo mejor hasta te conviene.

—A nadie le conviene un escándalo —le rebatí, mientras hojeaba las fotos y reportes forenses.

Había tres casos que llamaron mi atención, pero descarté uno porque la víctima tenía un lunar enorme en el hombro que yo hubiese visto en la foto y era ocho centímetros más pequeña que mi chica según el informe.

— Éstos me interesan, creo que tienen futuro. Quizás hayas resuelto un caso de desaparición y abierto uno por homicidio.

El capitán pareció meditar por un momento.

— No amigo mío, en todo caso quien tiene un caso de homicidio eres tú.

— Pero a mí solo me pagaron para saber dónde estaba la chica y si es uno de éstos como sospecho, he acabado con mi trabajo.

— Entonces el caso permanecerá como hasta ahora. Es mejor tener un caso cerrado de identidad desconocida, que un homicidio sin resolver. Si le das solución, pasará directamente a casos resueltos y el jefe me dará unas palmaditas en la espalda.

Si se destapa un escándalo, allí estarás tú para aguantar los palos y pagarás la renta. Quizá ganes algo extra con la rubia.

— En todo caso, cuando le dé la noticia a la hermana, querrá saber cómo murió.
— Y ahí es donde le vuelves a cobrar. ¿Acaso tengo que enseñarte cómo hacer negocios? Ya eres un poquito mayor para eso.
Por la cara del capitán y por la manera en que miraba el vaso, me percaté de que la conversación le estaba aburriendo.
— ¿Y si me niego y ella insiste en que sea la policía quien investigue?
— Es muy difícil encontrar culpables en casos así y tú lo sabes. Además, la policía no dispone de recursos ni personal para investigar todos los casos de prostitutas asesinadas.
Solo lograría revolver la basura y si la prensa olfatea un caso con un senador involucrado no me va a ir bien, te lo aseguro.
— Pero eso es lo que debe hacer la policía...
— ¡¡Me vas a enseñar cómo hacer mi trabajo!?
— Esa no era mi intención —dije bajando el tono al percatarme de su actitud. No era que le temiera, pero dependía de él en este caso. En cambio, él pareció relajarse.
— Mira... —me dijo adoptando un aire paternal—, tú estás en tu mundo y no ves lo que pasa fuera de tu planeta.
La cosa en el país está que arde con toda esa gente que quieren tumbar al gobierno.
Al presidente parece no importarle y toda la carga cae sobre nosotros, que tenemos que corretear a esos locos por toda la ciudad. Por eso los jefes están nerviosos y reaccionan mal a cualquier cosa.
Tal vez sea mejor que ese informe que tienes en las manos desaparezca. Tengo problemas más importantes de los que ocuparme.
— ¿Los barbudos?
— Sí, por ejemplo. Solo que aquí no usan barbas y van a la universidad. Son jóvenes bonitos con ametralladoras y cuando los matas, la gente nos llama asesinos, como si ellos nos tiraran rosas.
No me interpretes mal, a mí me da lo mismo quien mande, yo solo quiero cobrar por mi trabajo e irme a casa.

Por otro lado, está ese estúpido de Manferrer con sus Tigres, que los torturan y luego los cuelgan de las matas, como si fueran guirnaldas de navidad.

¡Hasta a mí me dan asco, imagínate a las madres de esos chicos! Así lo único que van a conseguir es que hasta los niños nos cojan odio.

De pronto, me pareció que el capitán estaba cansado de todo, del trabajo, del ron y de la vida misma.

—Entiendo —dije sinceramente.

— Bueno, en lo que tú estudias esos papeles yo voy a buscar algo de comida. De más está decirte que no tienes acceso a esos archivos.

Asentí con la cabeza sin despegar mis ojos de las fotos ante mí.

El capitán se paró, cogió la botella y se dio un trago largo, esta vez directamente de ella. La tapó y la dejó en la gaveta suavemente, mirándola con cara de tristeza, como si se despidiera para siempre de una novia.

Al cabo de unos minutos regresó, masticando un pan con algo. La carpeta yacía sobre su escritorio, esperando ser archivada. La miró de soslayo y me extendió la mano en clara señal que nuestro encuentro había llegado a su fin. Me levanté y se la estreché, mostrando una sonrisa de complicidad.

— Será mejor que solucione el misterio de la muerte de esa muchacha, sino alguien más lo hará y usted no pagará la renta y se perderá la oportunidad de consolar a ese pedazo de hembra.

Nos despedimos y al salir de la oficina, me estaba esperando el mismo soldado de antes. Me devolvió a la claridad del exterior, sin que nos comiera el minotauro que habitaba en los laberintos del cuartel.

El alcohol, la conversación y el pan que comía mi amigo sin cerrar la boca, me hicieron sentir hambre, por lo que me dirigí al barrio chino. Allí comí como un puerco la excelente y barata comida criolla que preparaban estos hijos del oriente, que ya cocinaban los frijoles negros mejor que los mismos cubanos y llevando el sabor de la carne asada a otra dimensión.

Luego me dirigí a mi apartamento, me quité el saco e intenté leer un poco, pero la digestión me venció y me dejé llevar por Morfeo durante tres horas.

Al despertar me reproché dormir tanto; por la noche seguro que me desvelaría.

Me duché y recogí el saco de donde lo había dejado. Busqué en su bolsillo interior y descubrí unas fotos y unos reportes del forense, que sin querer me llevé de la oficina de mi amigo el capitán. Me senté en el sillón y examiné nuevamente los papeles, donde se reflejaban dos casos de chicas muy parecidas entre sí físicamente.

El que al principio me resultaba más prometedor, fue encontrando escollos en mi mente según miraba con más detenimiento las fotografías.

Había sido encontrada en un basurero, a las afueras de la ciudad, en un avanzado estado de descomposición. Le golpearon en el rostro hasta volverla irreconocible. El cuerpo presentaba múltiples puñaladas en el torso y las piernas. La temperatura que hay en esos lugares, producto de la putrefacción de la basura, impedía deducir con exactitud el tiempo que llevaba muerta. No especificaba en el informe si era rubia natural o no, en todo caso parecía haber sido hermosa antes que alguien decidiera convertirla en un colador. La herida fatal fue realizada con un cuchillo grande, la desfiguración del rostro fue post mórtem.

Este hecho era el que más me hacía dudar de que fuera la mujer que buscaba. Podían haberla desfigurado para demorar su identificación, pero las puñaladas, varias de ellas después de muerta, indicaban un crimen pasional. En cambio, la hermana de mi cliente fue golpeada pocas veces sino una, sin provocar mucho sangramiento y los crímenes pasionales se llevaban a cabo en la escena primaria. Nadie le da un golpe a alguien, y luego de trasladarla, la cose a cuchilladas. Además, se notaba, a pesar de la hinchazón, que la desgraciada era mucho más delgada que Gloria. Después de dos horas, me convencí completamente de que esta chica no era la que yo buscaba, lo que me puso de mal humor. Despejé por un rato, tomé un metro cúbico de café y regresé a los papeles.

La otra víctima, o mejor dicho lo que quedaba de ella, encajaba mejor en la descripción y en la foto dejada por Ana Marta. Lo único que me chocaba era que había aparecido en el mar. No era extraño que se arrojara un cuerpo al océano para deshacerse de él, pero era más fácil y seguro enterrarla en un lugar lejano, de lo contrario dejaría muchas pistas y posibles testigos. Su herida mortal coincidía con el arma que yo puse en las manos del asesino. La talla y el peso aproximado también prometían, pero debido a la desfiguración no era concluyente. De todas maneras, guardé las fotos y los papeles y me acosté. Tracé una estrategia para seguir con mi investigación al día siguiente, de modo que cuando me dormí ya sabía lo que iba a hacer al despertarme.

Capítulo IV
La entrega: un matrimonio por engaño

Leopoldo Morales, era un abogado prometedor con aspiraciones políticas, cuando corría el año 1945, respaldado por su tío y mentor, quien era dueño de tres centrales azucareros en la provincia de La Habana.

El ambicioso tío ponía todas sus esperanzas de ser más rico todavía en su sobrino, quien lo ayudaría cuando fuera presidente de la república.

Sueño que no vio cumplido, cuando años después de lograr hacerlo diputado, murió tras un atracón de yuca con carne de cerdo que le reventó una tripa.

Cuando Morales era todavía abogado, visitaba a su abuela, en el batey del central más grande, propiedad de su tío.

Era una dulce viejecita que no se adaptó a la vida en la ciudad y regresó con sus amigas y conocidos, a los tres meses de vivir en la ciudad de Güines. Con todos ellos, formaba una familia grande que no tendría en ningún otro lugar.

Eso sí, el hijo le obligó a vivir en la mejor casita de los alrededores, siendo la única con radio en muchos kilómetros a la redonda.

La casa siempre tenía visitas, haciendo honor a la naturalidad, espontaneidad y familiaridad con que se tratan los campesinos.

Allí se cerraban las puertas solo para que los mosquitos no entraran. Era una fresca, amplia y limpia casa, que compartía con todos los que quisieran estar, siempre que respetaran las más elementales normas de educación y respeto.

Las paredes eran de tablas de palma real bien apretadas, que no dejaban pasar la claridad cuando afuera calentaba el sol. El techo de guano reposaba sobre tablas, también de palma, impermeabilizándolo contra las lluvias y alacranes que pululaban por allí. Lo más distintivo y exótico, para las personas del batey era el piso, no siendo de tierra

apisonada como era habitual, sino que lucía unas bellas baldosas coloridas, con diseños geométricos que los niños convertían en tableros de todo tipo de juegos. Así era la casa de Alejandrina, o Pepa, como le decían a la abuela de
Leopoldo.
A las siete de la tarde, cuando todas las mujeres de los alrededores habían terminado con sus faenas, comenzaba un programa muy gustado de participación y de música en la radio.
La sala se llenaba de tal manera que muchas de ellas no cabían, obligadas a escuchar apoyadas en las ventanas abiertas.
Venían de todo el batey, mientras los hombres reposaban la cena y fumaban enormes puros torcidos por ellos mismos. En una de esas tertulias se apareció Leopoldo Morales, luciendo como siempre impecable.
Un murmullo de admiración creció entre las señoras y risitas nerviosas entre las muchachas.
Fue abriéndose paso por el mar de piernas hasta llegar a su abuela, que le esperaba con una gran sonrisa de orgullo.
Le dio un beso y se dispuso a esperar a que terminara el programa, para poder hablar con ella.
Mientras tanto, paseó la mirada por la sala despreocupadamente y sus ojos se detuvieron en una muchacha que, sin pretenderlo, sobresalía de entre todas las mujeres por su fina belleza y sonrisa encantadora.
Ella no le hacía el más mínimo caso, estaba concentrada en la maravillosa música que salía de aquel aparato majestuoso que ocupaba la atención de todos y que ella seguía rítmicamente, dando suaves golpes en el piso con sus pies desnudos, pues todos dejaban los zapatos llenos de fango en la entrada de la casa.
Se enamoró en dos minutos. Jamás había visto un cabello tan brilloso, una cara tan hermosa y una personalidad tan dulce. Relucía como una orquídea en un basurero a la luz de los primeros rayos de sol.

Una semana después, le pidió permiso a su padre para poder visitarla y este aceptó de buena gana, sin poder creer la buena suerte que tenía su hija.

Gloria era gemela de Caridad y ambas eran las hermanas menores de Ana Marta.

Las tres eran las más hermosas de todo el batey y de sus alrededores. De su padre heredaron los huesos largos y fuertes. De su madre, quien murió dando a luz a las gemelas, sacaron la piel extremadamente blanca, el cabello rubio como el oro y los ojos azules.

Él vino de Tenerife, Islas Canarias y ella era alemana. Se conocieron en el barco que los trajo a Cuba y se enamoraron sin entenderse ni una sílaba.

Él tuvo que aprender alemán y ella chapurreaba algo de español, tan mal que casi siempre el marido tenía que traducirle a la gente lo que su esposa decía.

No obstante, fueron los más felices del mundo y nunca se les vio discutir; tanto así que después de fallecer en el parto, no se le conoció mujer alguna a pesar de tener varias opciones. Se dedicó en cuerpo y alma a criar a sus hijas, así que cuando Morales le pidió la mano de Gloria, sintió que todo el esfuerzo había valido la pena.

Esta alegría se transmitió a Caridad, pero en sentido inverso. Siempre había sido envidiosa y socarrona, queriendo y obteniendo lo deseado por cualquier medio, regresando siempre al principio, como suele sucederles a las personas que actúan de mala fe, pues quien no tiene nada adentro, nunca se llena.

No vio en la suerte de Gloria felicidad para su hermana, sino infelicidad para ella, sacando la lógica cuenta que era improbable que pasara lo mismo a dos guajiras perdidas en la nada en aquel campo lleno de insectos y tierra colorada.

Gloria se había quedado con toda la suerte de la familia, pero eso cambiaría de un momento a otro. El tiempo que duró el noviazgo,

Caridad lo utilizó en planear una estrategia que transformó su vida para siempre.

Morales visitaba religiosamente todos los sábados a Gloria, después del mediodía. Almorzaba con la familia y luego los dejaban solos en el portal o bajo la mata de ceiba a veinte metros de la casa, siempre bajo la atenta mirada de Marta, la hermana mayor o del padre.

Luego iba a ver a su madre y regresaba a la ciudad por la noche o se quedaba a dormir para salir al día siguiente muy temprano.

No siempre llegaba en el auto, a veces hacía el último tramo a pie, mientras el chofer visitaba un familiar que tenía en otro pueblo cercano. A Leopoldo le gustaba andar por la guardarraya cuando el día estaba seco. Los campos de caña de azúcar que se alzaban a ambos lados del camino le traían recuerdos de su niñez. El susurro de las hojas de la caña rozándose con el viento, en un eterno concierto verde, le relajaba de la vida agitada y tormentosa que tenía en la ciudad.

Uno de esos sábados, cuando faltaba menos de medio kilómetro para llegar al batey, Morales observó que Gloria lo esperaba en medio del camino, sonriente y con las manos cruzadas al frente, como era su costumbre cuando estaba ansiosa.

Según se iba acercando el corazón le latía más y más rápido. El viento alborotaba el cabello de la chica y levantaba el vestido de flores azules que él mismo le regaló el día de su cumpleaños y que tanto le celebraban en el pueblo, dejando ver dos magníficas piernas que temblaban de emoción.

El abrazo se escuchó a millas de allí. Cuando los labios les dolían de tanto besarse, ella lo tomó del brazo y lo condujo a través del cañaveral hasta llegar a un claro de unos seis metros cuadrados. Alguien había cortado la caña diligentemente y quitado las piedras del suelo. En el mismo centro, una sábana blanca esperaba por ambos. Gloria se paró justo en el medio de la tela y, temblando como una hoja, se quitó el vestido zafando los tirantes y dejándolo caer. La vista era magnífica, la belleza incomparable de la chica, unida a la lucha que mantenían deseo y miedo en el interior de su ser, brindaba un manjar que ningún hombre en el mundo podría rechazar.

Morales fue por ella como un león tras su presa. Tuvo tanto apuro que solo duró unos minutos. Por suerte logró recuperarse rápido y borró del rostro de la novia la decepción, causada por lo apremiante de los impulsos del joven.

Al terminar ella se vistió, recogió la sábana ensangrentada y desapareció entre la caña él, sorprendido ante tan bello espectáculo, no atinó a retenerla.

Cuando Morales retomó el camino hacia la casa de su novia estaba enardecido, eufórico, se sentía el rey del mundo.

Mientras caminaba se iba limpiando el traje de las hojas y telarañas que quedaron prendidas de su ropa. Al llegar ya no estaba tan seguro de su hazaña.

Al descargar el deseo sexual, sus sentidos se relajaron y comenzó a temer por sus actos. El padre confiaba y alardeaba de entregarle su hija a un perfecto caballero.

Si lo que acababa de suceder llegaba a sus oídos, era capaz de matarlo. Lo que no podía imaginar era que un problema peor y mucho más complicado se avecinaba.

Al pararse en la puerta se quedó tieso como un palo. Su novia lloraba tendida en la cama, con sollozos que estremecían todo su cuerpo y parte de la casa. En una silla, su cuñada, Caridad, también lloraba, sosteniendo entre sus manos una sábana manchada de sangre en la que ocultaba el rostro. Marta trataba de consolar a ambas, mientras le cortaba en tiras con la mirada.

No supo que sucedía, hasta que sintió una algarabía a sus espaldas. Al voltearse vio a su suegro que venía corriendo con un machete en la mano, emulando los antiguos mambises.

Perseguido por doce personas que trataban de alcanzarlo en vano, atravesaba cercas y espantaba el ganado como si fueran moscas. Solo atinó a cerrar la puerta por puro instinto de conservación.

El machete entró en la madera hasta más de la mitad de su longitud, que era bastante, quedando a pocos centímetros de su cara. Mauricio demoró tres segundos en echar la puerta abajo, suficiente tiempo para que cuatro hombres le alcanzaran y a duras penas le quitaran las enormes manos del cuello de Morales.

Su salvación fue que el machete no pudo salir de la madera. Con tanta fuerza lo clavó en la puerta, que hubo de cortar la tabla para poder sacarlo de allí al día siguiente.

El escándalo duró tres horas, durante las cuales quedaron bien delimitadas las responsabilidades y las acciones a tomar para refrendar tamaña ofensa.

A pesar de que Leopoldo sabía que Caridad lo había engañado, no le quedó más remedio que asumir su mal comportamiento y casarse esa misma tarde en la iglesia del pueblo más cercano. Así partieron para La Habana.

Ella jurando que lo había hecho por amor y él, con la mirada puesta en el horizonte, convencido de que nunca sería feliz, habiendo perdido al amor de su vida.

Pasaron los años y el tiempo hizo lo suyo. Poco a poco el abogado se olvidó de Gloria y como Caridad era una mujer tan hermosa como ella y ardiente, además, ocupó el lugar que le tocaba como la señora del político ascendente que era su esposo.

Ella aprendió a comportarse en sociedad y se convirtió en una esposa fiel y amorosa. Aunque nunca consiguió que Morales se enamorara, al menos logró que la soportara lo suficiente como para no dejarla y permitirle ser su compañera.

Cuando el padre de las chicas falleció, Caridad temió lo peor. Ahora su marido no tenía obligación moral para mantener su palabra... y estaba en lo cierto.

Los dos hicieron todo el trayecto al campo sin apenas hablar. Al llegar al cementerio del pueblo, Leopoldo visitó la tumba de su madre muerta hacía muchísimos años y luego se encaminó al sepelio de Mauricio.

Mientras su mujer lloraba la muerte del padre, Morales no le quitó los ojos de encima a Gloria, quien ni siquiera le saludó. En ningún momento dirigió la mirada ni cerca del lugar que ocupaba su exnovio, con una fría indiferencia que casi logra que cayera nieve.

Al regreso a su hogar, el ahora político estaba convencido de que su gran y único amor ya lo había olvidado.

Leopoldo había estado esperando secretamente el día en que Gloria y él pudieran retomar su historia y dejar atrás el pasado; pero después de su encuentro en el cementerio, perdió toda esperanza.

Entonces comenzó la verdadera guerra, una guerra que duró años. Las inseguridades de Caridad y el miedo por terminar en la calle hicieron de su vida un suplicio. Le reprochaba constantemente al marido su poca atención y su frialdad para con ella, sospechaba de su infidelidad por cualquier detalle trivial y como muy a menudo sucede, al tratar de atraerlo sexualmente para "amarrarlo", lo que logró fue que la rechazara más.

Por su parte, Morales perdió todo el interés por su mujer. Era hermosa y atractiva, pero todos sabemos que eso no alcanza cuando se tiene por rival al tiempo.

El olvido de Gloria le reavivó el desprecio por su esposa y el recuerdo de la trampa que le tendió cobró su verdadera dimensión. No podían tener hijos. De no ser así quizás se hubiese salvado el matrimonio al tener algo que los uniera.

Él ya estaba maduro y el ascenso en el trabajo fue la excusa perfecta para alejarse definitivamente de su mujer. Era senador de la república y el poder, junto al dinero que ahora le sobraba, le hizo caer en diversiones que antes no hubiese imaginado.

Comenzó a frecuentar prostitutas y a ir de copas con sus amigos, cada vez con más frecuencia.

Cierto sábado, unos amigos lo invitaron a una reunión de negocios, como ellos solían llamarle a ir de juerga. El senador ordenó los papeles y le indicó a su secretaria que le dijera a quien se interesara por él, que no estaba disponible hasta el lunes.

Fueron a Tropicana, el cabaré más famoso de la isla. Era una noche especial con la actuación de Benny Moré, un cantante que él no conocía personalmente.

Estuvieron una hora y media esperándolo, escuchando rellenos improvisados de mediana calidad. Cuando al fin apareció, un murmullo de desaprobación se elevó sobre las mesas. Había personas importantes esa noche y una buena cantidad de extranjeros.

Aun así, este negro engreído se aparecía, tambaleándose por el alcohol después de hacer esperar a todos por horas. La molestia era general, hasta que el cantante pronunció la primera nota de uno de los boleros más hermosos jamás escritos...

Todos callaron como por arte de magia. Era solo una vocal, extendida hasta el infinito en el tiempo, una vocal con tantos matices como una poesía, subiendo y bajando por todo el registro del maestro.

Luego, la magnífica orquesta, opacada por el inverosímil instrumento de su voz, acompañó al negro engreído por más de tres minutos, durante los cuales absolutamente todos olvidaron la hora de espera, los tragos sobre las mesas y hasta el lugar donde estaban.

Cientos de ojos brillaron en la penumbra del ambiente, soñando con amores pasados o futuros, con sonrisas tontas en la cara.

Meseras petrificadas en su lugar, seguras de que a nadie le importaba su demora; manos que se apretaban sobre las mesas, dedicándose la canción que enamoraba solo de escucharla.

Lágrimas de nostalgia por amores dejados en el olvido asomaban aquí o allá sin vergüenza, al descuido. Ese era el efecto de aquella maravillosa voz, robada a los ángeles por aquel negro atrevido vestido de blanco, con un bastón en la mano y el sombrero en la otra.

Entre esos ojos soñadores, estaban también los de Morales. Regresó en el tiempo al batey donde conoció a Gloria en casa de su abuela. Durante tres minutos se sentó bajo la ceiba a conversar de cosas triviales ante la mirada de su cuñada, que a veces se hacía la dormida o iba a preparar café para que los amantes estuvieran solos unos momentos. Besó de nuevo los tiernos, ardientes e inocentes labios de su novia, sonrojando sus mejillas de vergüenza ante aquel sentimiento arrollador y nuevo para ella.

Sus manos se encontraron en secreto bajo el mantel de tela de saco en el bohío, cuando almorzaba la deliciosa comida que su novia preparaba desde temprano los sábados.

Tanto se deprimió al terminar la canción, que abandonó el cabaré con la excusa de ir al baño y salió al parqueo a fumarse un cigarro.

Mientras le traían el auto su mirada, aún llena del pasado, se posó en tres mujeres que esperaban a que terminara el show, con el fin de encontrar clientela entre los hombres adinerados y borrachos que frecuentaban el lugar.

No tenía el ánimo para este tipo de compañía, sería como ensuciar el recuerdo de su amor, que, por quedar detenido en el tiempo, alejado de las cosas triviales de la vida como la rutina y la convivencia, había permanecido puro e impoluto en su memoria, convirtiendo su primer amor en algo más que una aventura, elevándolo en su mente al nivel de los amores épicos labrados en la historia, como Romeo y Julieta o Napoleón y Josefina.

Mientras divagaba en esas reflexiones románticas, una chica se desprendió del grupo y caminó hacia él con la soltura y coquetería que da la práctica diaria.

Era hermosa, alta, bien proporcionada y una cabellera de oro le caía sobre el rostro, dejando ver solo trazos de sus facciones, rematadas por unos labios rojos como la sangre.

Morales se percató de la jugada y apagó el cigarrillo, torturándolo bajo la suela de su zapato, hasta que decidió apagarse para no sufrir más. Sacó del bolsillo interior de su traje la cartera con un gesto de molestia.

Escogió unos billetes y se los tendió a la muchacha, con la idea de que lo dejara tranquilo mientras esperaba el auto. Ella los tomó, contrariada por la negativa implícita que significaba ese dinero, se apartó los rizos que disimulaban su cara y con una sonrisa, semejante más a una mueca, le dio las gracias sin mirarlo siquiera.

Al voltearse para regresar por donde había venido, una voz conocida y olvidada le dijo con tanta sorpresa que parecía un grito:

—¡Gloria!

Su cerebro no tuvo tiempo de procesar lo que estaba pasando. Si así hubiese sido, habría echado a correr sin mirar atrás, pero la sorpresa le hizo detenerse y voltear la cabeza en un milisegundo.

— ¿¡Gloria!? —repitió la voz, en esta ocasión en un tono más bajo, con una alta dosis de alegría.

Ella no reaccionaba, la sorpresa inicial se transformó en incredulidad. Con los ojos como platos decorativos y la boca abierta, no asimilaba el encuentro con el amor de su vida de una manera tan sorpresiva.

En un segundo sus ojos se llenaron de lágrimas, una mezcla de alegría, de pena y vergüenza colmaron todo su ser.

Soltó el dinero que aún tenía en la mano y se cubrió el rostro, rompiendo a llorar igual que aquel día, en que el hombre que ahora estaba frente a ella la traicionó con su hermana; o, mejor dicho, el día que su hermana le traicionó con él.

Ana Marta había descubierto la malvada acción de Caridad, encontrando días después de la pelea, el vestido de flores azules que Gloria creía robado, oculto descuidadamente en el cañaveral, prueba del delito de la hermana. Ya era muy tarde para arreglar nada y solo se lo dijo a Gloria meses después del suceso, cuando creyó que su dolor podía asimilar la traición.

Entonces Gloria perdonó a su novio y esperó que el tiempo le curara la herida dejada en el corazón, dando por perdido al hombre que, después se convenció, no podría olvidar.

Él, que también estaba petrificado, reaccionó un poco mejor. Se acercó y la abrazó sin encontrar resistencia. Se quitó el saco y le cubrió el cuerpo casi desnudo con ternura, como si se tratase de una niña enferma.

Así estuvieron, él calmándola y tratando de controlar su propio corazón desbordado de alegría y ella conteniendo las lágrimas que le corrían el maquillaje. El auto llegó y la sentó en el puesto del acompañante. Gloria no sabía si dejarse llevar o correr, pero estaba tan débil por la emoción, que no tenía voluntad para oponerse. Encendió el motor y se alejó de allí. Dando una vuelta cerrada, pasaron muy cerca de las otras dos mujeres, que no podían evitar poner cara de sorpresa ante aquel desenlace. Observaron en la distancia toda la escena sin entender nada y ahora eran testigos del auto alejándose, con una torcida historia de amor en su interior.

Capitulo V
El Negro Juan

Me encaminé a San Isidro, uno de los peores barrios de La Habana, donde conocía a alguien que vivía cerca de la casa donde se alquilaba mi desaparecida.
Juan Evaristo Flores es un negro de un metro y noventa y cinco centímetros. Hasta donde sé, no tiene un pelo en todo el cuerpo y su cabeza brilla como metal pulido cuando el sol le da de lleno.
Su piel es más negra que las plumas de un totí y es Obá Eriaté, o como prefiere que le digan, sacerdote del dialoggún. Además de ser bueno en lo suyo, también tiene otra cualidad que me ha ayudado mucho.
En toda esta zona no sucede nada sin que se entere el negro Juan, que es como todo el mundo le conoce.
Hace nueve años, cuando yo era policía, hubo un incendio que afectó cuatro o cinco casas del solar donde vivía por aquel entonces. El hijo de Juan tenía cuatro meses de nacido.
La madre, aprovechando que se había quedado dormido, fue a bañarse en uno de esos cubículos habilitados para tal efecto, que son tan comunes como incómodos en todos los solares de la Habana Vieja. Cuando se encontraba a mitad del baño, escuchó la algarabía del incendio y salió para ver lo que pasaba, con ese instinto que le encoge el corazón a una madre si su hijo está en peligro.
Al encontrarse con su casita de madera en llamas, la enorme y fuerte mujer fue dominada por los nervios, gritando por la vida de su niño como una alarma antiaérea. Si hubiese habitantes en la Luna, la habrían escuchado de seguro.
Alertado y casi sordo por los descomunales gritos de Teté, salté de la cama, donde descansaba de mi guardia nocturna sin haberme quitado la ropa. Al darme cuenta de la situación, me zambullí en un tanque de

agua propiedad de un vecino y cubriéndome el rostro con una sábana que se secaba al sol, entré a la pequeña casa en llamas.

Después llegué a la conclusión de que lo hice más para escapar de los gritos de Teté que, por mis instintos heroicos, pero no encontré al niño entre el humo y los muebles apilados en tan poco espacio.

Cuando ya estaba por salir sin cumplir mi cometido y a punto de asfixiarme, algo negro y enorme atravesó la pared como si fuera de papel. Dio dos saltos, lanzó una mesa de madera al espacio cósmico y cogió al niño, que dormía en la gaveta abierta de un mueble que hacía de cuna para la criatura, me agarró por la camisa y nos sacó del incendio como si cargara dos bebés.

Era el negro Juan. Le devolvió el niño a su madre, que no paraba de llorar y dar gracias a algún santo y se paró jadeando delante de mí.

—¡Blanco, desde hoy tú eres mi hermano!

Y me abrazó con tanta fuerza, que de recordarlo me duele todavía. Tengo que decir que sentí más orgullo ese día que si me hubiesen dado una medalla y por más que le expliqué que el que me había salvado era él a mí, nunca pude librarme, con mucho gusto, de ser su amigo.

Siempre que necesitaba algo y a veces sin necesitarlo, el negro Juan estaba allí para ayudarme. Este agradecimiento crónico también lo recibí de su mujer Teté, quien se pasaba todo el tiempo dándome consejos y criticando mi forma de vida.

Después del incendio, se corrió el comentario de que Juan se encontraba en su trabajo cuando un muerto le habló y le advirtió del peligro que se cernía sobre su familia y así pudo evitar la tragedia.

La verdad era que lo habían dejado ir temprano ese día, porque el barco estaba siendo desinfectado antes de descargar la mercancía en el puerto, donde el negro Juan trabajaba como estibador.

No obstante, la historia más atractiva prevaleció y Juan fue ganando fama entre las personas que practicaban su religión, teniendo una cantidad de adeptos que solo creció con el tiempo, debido al conocimiento y el carácter de mi amigo.

Gracias a estas cosas tenía muchos ahijados que recurrían a sus consultas y consejos para realizar las acciones más disímiles y variadas, desde negocios hasta cuestiones de amor.

Algo importante era que el negro Juan no le cobraba a nadie ni un centavo, aunque vivía en una precaria sencillez; en cambio, todos los que podían le regalaban animales, objetos y comida en general, que le alcanzaba para vivir y hasta le sobraba algo, que repartía a quienes tenían menos que él.

Como consecuencia, fue querido como un santo y la gente ponía en él tanta fe como en sus orishas.

Por todas estas cosas, Juan se convirtió en una especie de oráculo invertido, que preguntaba lo que quería y siempre encontraba respuestas.

Todos, desde los niños hasta los ancianos, le decían a Juan lo que querían, no por temor o por chismear, sino porque estaban seguros de que, si él preguntaba, era para hacer el bien a otros y nunca hubo mal entendidos ni consecuencias de esas confesiones, pues a pesar de ser analfabeto, el negro tenía una inteligencia natural y una línea tan recta de conducta, que le impedía tomar malas decisiones en cuantas cuestiones ponían en sus manos.

Personalmente fui testigo de la rapidez con que se resolvían los problemas: una madre preocupada por los andares de su hijo; alguien a quien le violaron una hermana; un viejo que fue víctima de un robo, etc.

Sólo tenía que correr la voz de que el negro Juan estaba interesado en algún evento y en menos de doce horas, tenía ante sí un informe verbal que sería la envidia del ministro del interior. Los que no le decían nada a la policía, los que se hacían los ciegos, sordos y mudos, cuando mi amigo preguntaba, lo decían todo por agradecimiento y respeto. Tanto lo querían y admiraban que yo bromeaba con él, diciéndole que si quería podría ser presidente de la república.

Llegué sin anunciarme a la casa de Juan. Estaba ubicada entre otras casas parecidas. En el piso, de marco a marco de la puerta, una cadena de hierro semienterrada daba la bienvenida, supongo, porque nunca le pregunté, para proteger la casa de los malos espíritus.
Al entrar, un penacho de palma deshilachado como una cortina rozaba la cabeza de quien entrara.
La sala era minúscula, dedicada casi por completo a su religión. Muchas cazuelas de barro con infinidad de artículos religiosos, comida y dulces en pequeños platos, hachas de madera, muñecos, representaciones de santos y un millón de cosas más, que yo nunca entendí.
— ¿No hay nadie en casa? —dije en voz alta, mientras atravesaba una cortina de saco de yute, que separaba la sala del resto de la casa.
En un espacio de cinco por cinco metros se reunía la cocina, el comedor y el cuarto del hijo de Juan. Por la otra puerta, perpendicular a la que yo usé para entrar, se llegaba al cuarto matrimonial y al minúsculo baño.
En un sillón de balance, plantado en medio de la habitación, el negro Juan me miraba con una sonrisa blanca como un coco. Se levantó y me fracturó tres costillas con sus bracitos.
— ¡Mi hermano, caramba! ¡Cuánto tiempo sin verte!
—-Y qué Juan, ¿cómo te va? —alcancé a decir antes de que me faltara el aire.
Me levantó del piso y me puso suavemente de vuelta al planeta. Me soltó, tomándome por los hombros y sacudiéndome como una mata de mango.
—-¡Coño, qué flaco estás!
¡Teté, Teté, ¡mira quién vino a visitarnos!
Teté entró por la puerta que llevaba al dormitorio de la pareja. Gritó de alegría y me fracturó dos costillas más, me dio un puñetazo en la barriga y con cara de disgusto, me reprochó que no me estaba alimentando bien, que dejara el brinca brinca de cama en cama y que me calmara con una buena mujer, que eso era lo que me hacía falta y que debía tener parásitos por lo amarillo de los ojos.

Después de ordenar mi vida, curar mi cuerpo y desparasitarme, se fue a preparar café para los tres.

Me senté en un taburete para no caerme de la fatiga que causaban estos encuentros y me dispuse a conversar con mi amigo.

— Dime sinvergüenza, ¿qué te trae por aquí?

— Vengo a que me ayudes con un caso en el que estoy metido hasta los ojos.

—-¿Cómo es la cosa?

Le extendí la fotografía de Gloria que su hermana Marta me había dado.

— Hace poco tiempo trabajó en las calles cerca de aquí, pero desapareció hace días y la hermana me contrató para encontrarla. Me temo que murió a manos de un novio o algo así.

El negro Juan examinó la foto con los ojos entre cerrados. Me miró de soslayo y regresó la mirada a la chica.

— ¿La hermana está tan buena como ésta? —me dijo en un susurro casi imperceptible, agachando la cabeza y tapándose la boca con el retrato.

—Está mejor —le contesté de igual manera.

De repente, se escuchó la voz de Dios desde el cielo, retumbando por toda la casa, amenazando con echarla abajo.

—-¡¿Qué están susurrando ustedes dos que no los oigo?!

Después de la sorpresa inicial, caí en la cuenta de que era la voz de Teté.

—Son asuntos de hombres, mujer. ¿Tendré que salir para poder hablar con el condenado?

—Cuando ustedes susurran es por algo. Pero descuiden, ya yo me voy.

Teté salió con las tacitas de café en la mano, las puso entre nosotros, le dio un beso a Juan y le estiró la bemba en señal de desaprobación, pero en broma.

— Te quedas en tu casa, cuñado —me dijo y se fue con una jaba de mimbre bajo el brazo.

— ¡Qué mujer, qué mujer! —decía Juan para sí mismo, mientras meneaba la cabeza sonriendo y secando una fina capa de sudor que hizo brillar su cabeza como un diamante.

Se recostó, satisfecho de haber salido de la situación sin el cuchillo de picar la carne en la lengua y me invitó a seguir hablando, mientras degustábamos el néctar negro, amargo y caliente.

— Eso es todo lo que sé. El nombre y la dirección están por detrás del retrato —dije cuando pude hablar.

—Bien, bien. Mañana ven a esta hora y tendrás la respuesta, digo… si te puedes levantar después de tomarte esta botellita que tengo guardada para ti.

Y sacó, como por arte de magia, una botella de aguardiente de caña, transparente como agua. Ese era el precio de pedir ayuda a mi amigo, siempre buscaba una excusa para beber.

Podía tomarse una botella detrás de la otra durante todo el día, que llegada la noche estaba tan fresco y claro como por la mañana, mientras el que lo acompañase (en este caso yo) sufriría las consecuencias del alcohol.

Capítulo VI
El renacer del amor

El senador la llevó en un viaje de unos diez minutos. El elegante auto se deslizó en el parqueo subterráneo de un edificio en pleno Vedado, cerca del Hotel Nacional, donde mantenía un moderno apartamento con el fin de llevar allí las conquistas nocturnas.

El celador lo dejó pasar sin hacer preguntas. Bajó del carro, dio la vuelta y le abrió amablemente la puerta a Gloria. Ella dudó unos segundos, pero terminó dándole la mano y bajándose también.

Fueron hasta un elevador interno y subieron ocho pisos. El ascensor abrió sus puertas dentro del apartamento. Entraron y Leopoldo fue directo al cuarto. Regresó con unas toallas y le dijo a Gloria que se bañara, que él tenía que salir un momento y que volvería pronto.

Ella siguió llorando mientras se bañaba. Estaba sufriendo la humillación más grande de su vida. El hombre que amaba la trataba como una puta vulgar, pidiéndole que se bañara antes de llevarla a la cama. Seguro sentía asco de tocarla y si lo pensaba bien, puede que tuviese razón; de lo que antes era, no quedaba nada y aquella guajirita inocente había muerto hace tiempo.

Ahora la tendría por unos pesos, cuando pudo tenerla gratis para siempre y después de unos minutos la tiraría a la calle, satisfecho de lograr lo que no hizo cuando eran novios.

Al cabo de un rato el senador volvió. Gloria sentía que el ascensor se acercaba y mientras más pasaban los segundos, más se convencía de que no se acostaría con él.

Ni por todo el oro del mundo pasaría por esa vergüenza, no le importaba que cientos de hombres hubiesen gozado con su cuerpo, porque nunca fueron otra cosa que clientes, pero no soportaría que el único hombre que de veras amó en su vida la comprara.

La puerta se abrió y apareció Leopoldo cargando unas cajas.

—Toma —le dijo—, espero que te sirvan. Aquí hay un poco de dinero, no tengo más encima porque tiraste el resto en aquel parqueo.

Sonrió con tristeza y ella comprendió que el hombre que había amado no cambió con los años.

Los ojos volvieron a llenarse de lágrimas y lo abrazó fuertemente, agradecida por no quitarle la poca dignidad que le quedaba.

El resto de la noche la pasaron juntos, conversando como si se hubiesen acabo de conocer, solo que ahora tenían la madurez necesaria y la experiencia de la vida para decirse las cosas francamente, sin ocultar nada.

Ella le contó el dolor que sintió al descubrir la traidora jugada de Caridad, que se sumó al que ya sentía por su separación.

Que el haberla aceptado como esposa, después de lo sucedido, solo aumentó la admiración que tenía por él, porque demostró tener palabra y asumir sus actos.

Hablaron de lo felices que hubiesen sido si estuvieran juntos, de los lugares que hubieran visitado, etc. Se casaron, fueron de luna de miel, tuvieron hijos y envejecieron juntos, todo en unas horas.

Los primeros rayos de sol se reflejaron en el cristal de la ventana, sorprendiéndole a los dos.

Miraron juntos la salida del astro, contemplando la gradual iluminación de la ciudad que, por alguna extraña razón, parecía más bella que de costumbre a través de los cristales.

— Quédate aquí, este apartamento es mío y lo puedo poner a tu nombre si lo deseas —le dijo mientras la abrazaba desde atrás con ternura, sin que hubiese nada sexual.

— No lo sé, ya no soy esa guajirita ingenua y tierna que tú conociste. Ahora tengo demonios dentro como cualquier adulto.

— Eso no es verdad. Quizás tengas más experiencia, pero en esencia eres la misma, dulce y amorosa.

— ¡Soy una puta y tú lo sabes! —protestó Gloria, desprendiéndose de los brazos de Morales.

— No te puedes permitir estar con una mujer como yo y no voy a ser tu querida, eso acabaría conmigo.

— ¡Yo nunca te pediría eso! Solo quiero ayudarte a que salgas de esa vida que tienes, eres más que eso.

— ¿Entonces quieres hacerlo por caridad, por lástima, por remordimiento? ¿Lo quieres hacer para sentirte mejor?

La conversación estaba tomando tintes de discusión y el senador sabía mucho de eso, por llevar casado muchos años y por político. Así que optó por bajar la guardia.

— No, claro que no. Todo esto me ha tomado por sorpresa, te ruego que me disculpes. Creo que todavía te amo, el corazón no me cabe en el pecho de la felicidad que siento y eso me aturde un poco.

Se sentó en el borde de la cama y metió la cabeza entre las manos. Ella se acercó y se agachó frente a él. Suavemente se las separó y besó una lágrima que bajaba por su mejilla.

— ¿De veras no te importa lo que soy?

—¡Claro que sí! Eres la mujer más hermosa y tierna del mundo.

No pudo más, esa declaración de incondicionalidad terminó por derribar las pocas defensas que su conciencia enarbolaba.

Lo besó como nunca besó a nadie, como sólo se besa una vez en la vida, con lágrimas de alegría y el alma en los labios.

Lloró todo el tiempo que hicieron el amor, lloró primero de felicidad y luego de miedo, miedo de perder otra vez lo que durante tantos años había perdido y ahora encontraba de la forma más inesperada.

Él la cargó en sus brazos y la desnudó sin que sus pies tocaran el piso, bebiendo sus lágrimas una por una. El temor de no encontrar en ella lo que lo enamoró en el pasado se evaporó. La candidez de sus piernas, la tersura de la piel y el fuego de sus besos, no menguaron un ápice.

El disfrute fue total e inmenso, nada comparado con el cañaveral, nada comparado con las aventuras nocturnas, nada comparado con nada.

El tiempo voló y la despedida, alargada hasta el infinito, no llegaba. Sinceramente Morales ni recordaba que estaba casado y que su mujer le esperaba en casa, volviéndose loca de celos en medio de la espera, llamando a todos los amigos y hasta a la policía.

Estaba sumergido en un sentimiento nuevo que le hacía reír y hacer el amor sin apenas descansar entre asalto y asalto.

Ignoraba cómo o por qué, pero su virilidad funcionaba a la par de un muchacho. Envuelto en esa magia, le dijo a Gloria en medio de un orgasmo sincronizado:

— Cásate conmigo. Haré cualquier cosa para lograrlo, pero cásate conmigo. No podré ser feliz si no tengo esto por el resto de mi vida.

— ¿Si no tienes qué? —dijo ella entrecortadamente por la falta de aire.

— Esto...no sé lo que es...pero es fabuloso, increíble...y no quiero perderlo.

——No lo vas a perder, a no ser que quieras.

Gloria había aprendido con el roce diario, a dominar al sexo opuesto y no porque se lo propusiera, sino porque la mayoría de las mujeres aprenden a hacerlo de forma natural.

Cuando una mujer aprende eso y tiene aún virgen el candor del alma como para enamorarse, se convierte en la máquina de guerra más eficiente del universo.

Grandes guerreros, científicos, genios, presidentes, dictadores, todos, absolutamente todos han caído desde que el mundo es mundo, bajo el dominio de las mujeres y Leopoldo no tenía por qué ser la excepción.

Lo que siguió a ese encuentro es la historia que tantas veces se ha contado y que sigue sucediendo, Morales cambió por completo, desde su forma de vestir hasta sus hábitos más arraigados. Bajó de peso, cambió de peinado por otro más favorable, compró ropa nueva, caminaba más erguido y, sobre todo, comenzó a trabajar el doble, por lo que se ausentaba de casa mucho más de tiempo.

Su esposa Caridad, pasó de la sospecha a la certeza. Al principio de su matrimonio soñaba con una vida perfecta, pero cambió con el paso del tiempo.

Ella sabía que su marido tenía aventuras ocasionales, como casi todos los hombres y como casi todos los hombres, él imaginaba que nadie lo notaba y ella lo dejaba hacer.

Al principio se molestó, pero luego de entender que ella tampoco lo amaba dejó de importarle.

En cambio, siempre le fue fiel. Era una mujer muy práctica y segura de lo que quería y lo que quería era vivir bien. Por lo tanto, mientras su estatus no se viera amenazado, ella se hacía la de la vista gorda y se conformaba con los placeres que la acomodada vida le proporcionaba.

Incluso como figura pública que era, debido a que acompañaba a su esposo a todos los eventos, demostraba delante de los amigos un amor que llegó a ser la envidia de muchos, que no conocían las escapadas secretas del senador de la república.

Pero su actitud cambió, cuando Caridad del Bosque se percató del cambio total y radical del esposo.

Su instinto femenino le dijo que esta ocasión no era igual de pasajera que las otras, haciéndose real el peor de sus temores, por lo que se dispuso a tomar cartas en el asunto.

Capitulo VII
Parcialmente resuelto el enigma

El dolor de cabeza me despertó. Traté de abrir los ojos y la claridad de la ventana me cegó por varios minutos. Sabía bien qué hacer, no era un alcohólico, pero no era mi primera resaca.

Me desnudé en el baño y me metí en la ducha. El agua fría encajaba alfileres por todo mi cuerpo, mientras me cagaba en la madre del negro Juan. Ella no se molestó, así que seguí mentándola hasta que la piel se adaptó al cambio de temperatura.

Después no quería salir del agua que me alivió la cabeza, permitiéndome vestirme y bajar la escalera.

El desayuno de veinte centavos en los bajos del edificio trajo de vuelta a mi estómago, que estaba montando el carrusel de algún parque de diversiones lejos de allí.

Ya era mediodía, así que fui caminando hasta la casa de Juan, pues si tomaba el tranvía seguramente acabaría tirando los veinte centavos del desayuno al medio de la calle.

—¿Y esa cara de mierda que tú tienes? —me gritó Teté desde la puerta, reavivando el dolor de cabeza, pues estaba solamente a tres metros de ella, pero podría haberla escuchado igual si estuviese en China.

Me tomó del brazo o me cargó (no recuerdo) y me dejó caer en un taburete de piel de chivo, duro como madera. Se metió en la cocina y salió con un tazón de algo verde oscuro medio caliente.

Me tapó la nariz con la mano derecha y con la izquierda me empujó el líquido aquél que sabía a bilis de oso polar cocido en carapacho de jicotea.

Traté en vano de protestar; su rodilla, del tamaño de una llanta de camión, me mantuvo apretado contra el asiento y mis manos buscaban en vano cómo rechazar la tortura.

No me dejó hasta que bajó la última gota por mi garganta. Me dio unas palmaditas como piñazos de Rocky Marciano y se retiró con una sonrisa de satisfacción al cuarto.

De allí mismo salió Juan, sonriendo igual que siempre. Me iba a fracturar la columna vertebral, pero se percató de que no seguiría con vida después del abrazo, así que se limitó a darme la mano y a darme otros piñazos en el mismo lugar que su mujer me lastimó antes.

—¿Qué, ya la Teté te dio el brebaje verde ese?

Asentí con la cabeza, mientras mi amigo se sentaba en su sillón, riendo a carcajadas.

No sé cuál era la gracia, si él también tenía los dientes verdes, prueba de que había sufrido el mismo tratamiento, pero no tenía deseos de bromear.

Cuando se cansó de reír, me explicó que había recopilado bastante información, creyendo que no me iba a servir, pues a su entender nada decían sobre un asesinato.

— La mujer que buscas la conocen por Duquesa en su trabajo y las amigas le dicen Carmita. Además, como tú me dijiste, trabajaba en las calles hasta hace tres meses. Se buscó un fulano con dinero y salió por un tiempo. Nadie la ve ni sabe de ella ni de su paradero. Hasta aquí pude llegar. Ésta es la dirección de su amiga, ya tú sabes... la que hacía la calle con ella.

Me extendió una envoltura de cigarrillos abierta y en su interior estaba anotada una dirección con una caligrafía pésima.

La leí y le di las gracias a mi amigo. Luego seguimos conversando de nimiedades. Me interesé por su hijo y por cómo le iba la vida. Él y Teté me dieron la consabida perorata sobre lo mal que vivía y la falta que me hacía una compañera para compartir mi solitaria vida y bla, bla, bla.

Después de dos horas pude convencerlos de que tenía que trabajar para comer y me dejaron ir, no sin antes triturarme entre los dos y sacudirme como un saco de boxeo.

Me dirigí a la dirección estipulada en el papel con la seguridad de encontrarme con la chica, pues si trabajaba de noche, debería descansar por el día.

Mi sumamente afinada agudeza me dio la razón, después de molerle la puerta a golpes la chica se asomó, sacando una cara acabada de despertar.

No le hice caso a mi abuela que siempre me aconsejaba: "Cuando veas a una mujer que se acaba de levantar y luce hermosa, proponle matrimonio" En lugar de eso, adopté la postura más seria que pude y saqué unos billetes de mi cartera, jugueteando con ellos entre mis dedos.

— Buenos días. ¿Es usted la señorita Alejandra?

— Mira, no te ofendas. No luces mal y todo eso, pero ahora no puedo hacer nada, estoy muerta de cansancio. ¿Por qué no vienes por la noche o más tarde? Te prometo que...

— El asunto es otro señorita —la interrumpí—, no estoy aquí por placer.

— ¿Es policía? —me preguntó, despabilándose por completo en dos segundos y cerrando la puerta un poco, que se había abierto dejando ver un pequeño, pero hermoso cuerpo, vestido con una bata muy reveladora.

—No, no es el caso —le dije con una sonrisa para intentar calmarla.

— Me contrataron para encontrar a Gloria y me dijeron que ustedes eran amigas. Puedo pagarle por la información si desea.

—-¿Está buscando a Gloria? Espere un momento.

La muchacha demoró un poco y luego abrió la puerta por completo.

— Pase, por favor, perdone el desorden. Puede sentarse en esa silla. ¿Quiere un poco de café?

Asentí con gusto, pero sin esperanza, pues todavía el sabor de la cosa verde que Teté me embutió por la garganta, se repetía en mi paladar y tenía la seguridad de que nunca se iría.

Alejandra por desgracia se había vestido y arreglado el cabello. Cuando ves a estas chicas en su medio natural, sin maquillaje ni ropa provocativa, nadie se imagina que en las noches se transforman en máquinas de guerra, deseo de todos los hombres que la ven, los que lo admiten y los que no. Debe ser porque despiertan en nosotros los instintos más primitivos y básicos.

Así, en bata de casa y con el cabello recogido, pueden hasta pasar desapercibidas. Cuando estaba a punto de ganarme el título de filosofía, la muchacha regresó con dos tazas deliciosas de café. Mientras lo consumíamos seguimos conversando.

— ¿Cómo es eso de que está buscando a Gloria?

— La hermana me contrató. Hace dos semanas que no sabe de ella y se preocupó. ¿Cuándo fue la última vez que la vio?

— Más o menos ese tiempo —me respondió frunciendo el ceño y levantando las cejas.

— Yo pensaba que se había mudado con el novio, pero si la hermana no sabe de ella, entonces debe de haberle ocurrido algo malo, ¿no es así?

— Eso nadie lo sabe. Por ahora solo se desconoce su paradero. ¿Me puede decir algo del novio?

La chica se concentró en sus recuerdos, el temor de que Gloria estuviese en peligro la puso nerviosa casi inmediatamente.

— Yo sabía que algo no estaba bien con ese tipo. Quién con ese carro y ese dineral se enamora de una de nosotras.

Desde que lo vi se lo dije, pero ella no le hace caso ni a los mismos ángeles si se le aparecen delante. Yo lo sabía. ¡Yo lo sabía!

Y rompió a llorar. Yo me aproximé para calmarla y ella se me echó encima y se abrazó a mí. Así estuvo por unos largos y cálidos diez minutos. Su cuerpo pequeño, aún tibio de la cama y los sollozos que la estremecían, me hicieron desear vaciar mi cuenta en el banco y hacerle el amor una semana entera.

Como mi cuenta no era tan grande, opté por despegarla de mí. La convencí de que posiblemente solo se hubiese escapado con alguien y que había que agotar todas las pistas por precaución.

— Él maneja un Chevrolet negro, nuevo y elegante. La primera vez que lo vi fue en Tropicana. Nosotras no vamos mucho por allá, pero una amiga nos dijo que algunos chicos universitarios se verían con ella en el parqueo, pero eran tres.

En lo que esperábamos a los muchachos, ese hombre salió a fumar cerca de nosotras. Entonces Gloria fue a pedirle fuego para encender nuestros cigarrillos, cuando de repente ella lo abrazó como si lo conociera de antes y termina dejándonos, sin decir nada y marchándose en el auto.

Cuando pasó por nuestro lado pude ver que había llorado. Unos días después me dijo que dejaba el trabajo y que se casaría con el amor de su vida.

No quiso contarme nada de ellos dos. Me sentí mal por eso, pues creía que éramos amigas, pero su razón tendría, así que yo seguí con mi vida y ella con la suya, viéndonos de vez en cuando.

— ¿Y la otra vez que lo viste, te fijaste como era?
— ¿Qué otra vez?
— Dijiste "la primera vez que lo vi...", cuando comenzaste a hablar.
— ¡Ah, sí! Pero no estoy segura de que fuera él. En el parqueo estaba oscuro.
— No importa. Cualquier pista es buena.
— Bueno —se acomodó en la silla y continuó su relato.
— Un día, como una semana después de que dejó el trabajo, fui a verla a su casa, aunque no me gusta ir por el casero asqueroso ese.

Por suerte no estaba allí y en el preciso momento que yo salía de la casa de Gloria, un señor muy de etiqueta se dirigió a su apartamento, se detuvo frente a su puerta y se volteó para ver si yo lo estaba mirando. Yo disimulé sonando los pasos en la escalera, como si estuviese bajando, pero en realidad me quedé para ver qué hacía.

No más dejaron de oírse mis pasos, abrió sin tocar la puerta y entró. Alcancé a ver cómo desaparecía en el interior del apartamento y el grito de alegría de mi amiga cuando lo saludó. La escuché feliz y me alegré por ella.
— ¿Y cómo era? —pregunté.
— Era más bien alto como usted, pero un poco mayor. El bigote y las patillas eran completamente blancos.
— Hay jóvenes con el pelo blanco —le dije para obligarla a recordar.
— No, no era joven. Yo sé mucho de eso.
Lo dijo sin doble intención, como un hecho natural y cotidiano. De pronto perdió gran parte de su belleza y la espalda se le dobló como si llevara un peso encima. Seguimos conversando un poco más, sin nada que arrojara luz a mi investigación. Me despedí y le deseé suerte de todo corazón. Tal vez no era demasiado tarde para esta chica.
Llegué a la casa y me metí directamente en el baño, necesitaba organizar las ideas. Me puse una bata he hice café para un regimiento.
Tomé una hoja y comencé a escribir la cronología de los últimos días de Gloria. No tenía pruebas concluyentes de su muerte, pero me aposté que si llegaba a estar viva, me pegaría un disparo en la frente con mi arma. De todas formas, no tenía mi arma, así que acepté la apuesta.
Todo en su vida estaba en orden o al menos normal. Las cosas se comenzaron a enredar cuando conoció al misterioso hombre con canas y bigote, alguien importante o con dinero suficiente para necesitar guardaespaldas.
Al parecer se enamoró de él o la deslumbró, haciéndole promesas que casi ningún hombre cumple y menos a una prostituta.
Luego la deja y ella lo amenaza con algo, tal vez con contárselo a su esposa y el hombre la mata o paga para que lo hagan. Luego desaparecen el cuerpo y colorín colorado, este cuento se ha acabado.
Me recosté en mi butacón preferido y me estiré cruzando las manos detrás de mi cabeza. Acababa de resumir el triste final de la vida de una pobre chica.

Todo encajaba perfectamente y debería sentirme satisfecho, pero no era así. No tenía cuerpo, ni un móvil real, ni siquiera un sospechoso. Todo eran conjeturas, muy factibles sí, pero conjeturas, al fin y al cabo. No podría resolver el crimen y mucho menos presentarle una investigación sólida a mi cliente.

En un por ciento muy alto, los homicidios de mujeres ocurren a manos de sus parejas o de sus exparejas, pero eso no es suficiente, no me pagan por porcentajes, me pagan por pruebas y yo no tenía ninguna, solo especulaciones.

Grité tan alto como pude, de forma tal que el presidente de la república me escuchase en el palacio de gobierno. Era mi manera de despejarme. Ya los vecinos estaban acostumbrados y quizá pensaban que yo era un hombre lobo. Por suerte estos ataques no eran muy frecuentes o hubiesen llamado a los loqueros. Lo cierto es que estaba frustrado y me quedaba sin pistas que seguir.

Hice lo que siempre hacía cuando se bloqueaba una investigación, volví al principio.

Me acosté en mi vieja y fiel cama. En mi regazo acomodé todas las pruebas y las fui mirando una por una detenidamente, como si nunca las hubiese visto.

Cada fotografía, cada palabra de cada informe fue leída y releída por mis ojos, estimulado por la cantidad absurda de café en mi sangre. Cuando ya me daba por derrotado, noté algo que había pasado por alto...

En el retrato, Gloria posaba en una acera, a solo un paso de una vidriera donde se exponían zapatos de mujer. En el cristal de la tienda, que servía de fondo a la bella joven, se veía el reflejo de sus piernas por detrás. Unos centímetros por encima de la comba de la rodilla izquierda, se notaba un lunar negro con una forma muy peculiar. Parecía un corazón invertido, aunque una de sus mitades era un poco más grande que la otra. La calidad de la fotografía era muy buena, así que no pensé que fuera un error.

Cuando no se tiene nada, uno se aferra a cosas pequeñas con la esperanza de que se conviertan en algo importante y por suerte fue así para mí.

Emocionado cogí el informe del forense, estaba seguro de haber leído algo respecto a un lunar en la parte posterior de una pierna o de un brazo. En los papeles de la chica encontrada en el vertedero de basura no se mencionaba nada.

Entonces leí el de la que encontraron en el agua, cerca del malecón. Allí estaba, en el cuarto párrafo. El médico describió el lunar como una hoja no como un corazón invertido, en el lugar exacto en el que se encontraba en la fotografía.

Me alegré y al mismo tiempo me entristecí. Saber que había resuelto parte del enigma no disminuía el hecho de sentirme mal por ella. Yo deseaba encontrar el cuerpo porque ese era mi trabajo, pero encontrarlo convertía la presunción en certeza, derivando en un gran dolor para mi cliente.

Estos sentimientos encontrados pusieron fin al trabajo por el resto del día. Ahora tendría que esperar que mi cliente regresara y prepararme para darle posiblemente la noticia más triste de su vida.

Guardé los papeles y las fotos, teniendo cuidado de separar las pruebas útiles de las otras y salí a la calle con el objetivo expreso de emborracharme.

La noche habanera estaba muy agradable. Aún guardaba el frescor del invierno, mezclado con el calor que la tierra recibe durante el día y devuelve cuando comienza la noche.

Pasé de largo por varios bares, pero siempre les encontraba un defecto para no entrar. Hoy me molestaban las personas, los autos y hasta el gato de mi vecina. Terminé sin darme cuenta en el litoral, muy cerca de donde encontraron el cuerpo de Gloria.

No pude evitar pensar en el caso y llegué al convencimiento que iba a encontrar al responsable, quisiera o no la señorita Marta.

No me emborraché, pero curiosamente me cambió el ánimo y la depresión disminuyó al decidir lo que iba a hacer. De regreso a mi apartamento, recordé que no había comido nada. En los bajos del edificio, compré un batido de trigo con leche condensada y un sándwich de atún que me supo a gloria.

Lo que me recordó a Gloria, pero hoy no la pasaría bien ni siquiera con ella, así que la olvidé y subí a mi frío y solitario hogar, donde me dormí después de estar dando vueltas en la cama por dos horas.

Capítulo VIII
El despertar de los celos

Los días que siguieron a ese primer encuentro, después de tantos años, fueron mágicos. Morales llegó incluso a despreocuparse de sus obligaciones laborales y ni qué hablar de las maritales. Día tras día, las ausencias al hogar aumentaban de frecuencia y se hacían más largas, incluso faltó a casa dos fines de semana, arguyendo visitas gubernamentales a otras provincias.

Tanta era la euforia por la aventura que dejaba tras de sí una estela de evidencias de su infidelidad sin apenas notarlo, pero que para sus compañeros y en especial para su esposa, no pasaban inadvertidas.

Sus colegas no se molestaron, incluso muchos se confabularon para cubrirlo con sus superiores, pues Leopoldo siempre había sido tan correcto y sobrio, que verlo en ese estado de algarabía resultaba divertido y hasta agradable.

Sus aventuras terminaban cuando salía el sol y no afectaban absolutamente nada su proceder dentro del senado, de tal forma que todos sabían que engañaba a su esposa e incluso lo alababan por eso.

La creencia machista que el hombre tenía el derecho de ser infiel, siempre y cuando respete a la mujer que tiene en la casa, era muy arraigada en ese clan, constituido casi en su totalidad por machos alfa.

Por parte de la mujer la cosa era diferente. Ella, después de haberle engañado y obligado prácticamente a casarse, abandonando deshonrosamente a la hermana, permaneció inmutable al resto del mundo.

Nacida y criada en un pequeño batey de un central azucarero, el techo de sus sueños, ambiciones y por ende su felicidad, se limitaba a vivir cómodamente en una lujosa casa en la capital del país.

LA LLUVIA DE SUS OJOS

No es que fuera poco ni mucho menos, pero su educación y su personalidad, limitada por las estrecheces de la vida en el campo, le impedían aspirar a desarrollarse en otras esferas.

No estudió ni intentó trabajar, ni siquiera pensó nunca en invertir en un negocio; en definitiva, su mundo se redujo aún más que el de su infancia.

Ahora gozaba de un lujo que nunca soñó y al sentirse como un insecto fuera de su ambiente, se refugió en sí misma, convirtiéndose en la dueña y señora de la casa, una reina con un reino diminuto.

Quizá si hubiese podido tener un hijo, la vida hubiese tomado otro camino. El roce y el cariño de otro ser humano, puede cambiar y de hecho cambia, la personalidad y la vida.

Caridad se alimentó de ella misma mucho tiempo, teniendo en su esposo alguien que la mantenía y le daba gustos, incluso sexuales, pero que nunca le perdonó la traición y por tanto, nunca pudo amarla como era su deseo.

Los que conviven con alguien a quien no aman, llegan a odiarlos o a ignorarlos, pasando a ocupar el lugar de un objeto con el que no se habla sino de cosas banales y sin importancia.

Las relaciones se limitan a los saludos y a disimular en la cama para no tener contacto y, si se tiene, a terminar lo antes posible, solo para saciar los deseos naturales de uno o en el mejor de los casos, de ambos.

No obstante, Caridad no era infeliz, no la amaban, pero ella tampoco lo necesitaba. Aprendió a concentrarse en las cosas pequeñas que la ayudaban a terminar el día. Tenía infinidad de libros de cocina, aunque ella no tocaba una olla. Se sentaba en una silla alta y estrecha con un travesaño para poner los pies y desde allí le dictaba los ingredientes y las cantidades exactas a la empleada, que hacía dulces y carnes de todo tipo bajo la mirada atenta de su ama.

Luego bordaba durante mucho tiempo, regaba y cuidaba la jungla en miniatura que prosperaba en el patio trasero e interior de la casona y un montón más de pequeñeces que la mantenían ocupada hasta la noche.

Se convirtió en una experta en alargar las acciones más simples de su vida, como bañarse, vestirse o maquillarse, llegando a demorar horas enteras.

Ese era el mundo tranquilo, pequeño y conformista de Caridad. Un mundo en el cual cabían las traiciones de su esposo y que ella veía con naturalidad, aunque no le gustaba.

Sabía que los hombres siempre hacían eso desde tiempos inmemoriales y no le molestaba mucho, mientras no amenazaran la estabilidad del hogar y cuando se daba la oportunidad se lo dejaba saber al esposo con palabras e historias sutiles. Él captaba el mensaje sin darse por enterado y seguía con su vida sin prestarle mucha atención a la desaprobación de su mujer. Este acuerdo tácito entre los dos se vio amenazado cuando el senador cambió la rutina de sus aventuras.

Un día no llegó a la casa para dormir, algo que ya era normal. Él le decía que era por asuntos de trabajo y ella fingía creerle.

Entonces regresaba en la mañana y se acostaba para recuperar las horas de sueño, pero esa mañana no regresó hasta bien entrada la tarde.

A pesar de todo, Caridad no se alarmó. Lo tomó como una irregularidad transitoria que pasaría al recuerdo en unos días y continuó su vida sin inmutarse siquiera.

Lo que no pudo predecir fue que, a partir de ese instante, tanto el comportamiento como la actitud de su esposo, cambiarían radicalmente.

Las pronunciadas ausencias se hicieron cotidianas, el olor de su ropa era distinto a la colonia con la que salía, las camisas y guayaberas regresaban con pequeñas marcas de carmín, invisibles para el hombre, pero evidentes si eres una mujer celosa en busca de pruebas.

En muchas ocasiones ni siquiera respondía los saludos de ella, ignorándola por completo durante días.

Distraído y descuidado, era sorprendido mientras sonreía a solas como un estudiante universitario. Todas esas señales y muchas más no podían pasar desapercibidas y no lo hicieron.

En menos de un mes, Caridad estaba convencida que su esposo la engañaba y que esta ocasión no se trataba de una aventura inocente. Decidió esperar un poco más y observar cada movimiento. Si las señales aumentaban de intensidad, tendría que intervenir o podría perder su matrimonio.

Todos los miedos de Caridad se hicieron realidad. Si algo cambió en Leopoldo fue para peor y no solo empeoró, sino que se hizo insoportable. Además de continuar con sus cada vez más largas escapadas, pareció renacer con mayor fuerza la aversión que al principio de la relación sentía por ella y que a fuerza de tiempo y esfuerzo había logrado superar, llegando a molestarle incluso estar en la misma habitación.

No solo la ignoraba, también la aborrecía. El rostro de indiferencia del esposo se transformó en uno de desprecio e incluso de asco.

La ausencia de gestos amorosos fue suplantada por reacciones esquivas. Casi nunca dormía en casa y cuando lo hacía, se marchaba a otra habitación, con montones de argumentos sin sentido y a veces, sin ellos.

Lo que Caridad no sabía, era que la relación extramatrimonial de su esposo, además de ser inmoral era con su hermana y que durante esa relación había crecido el amor que ambos creían olvidado.

Como sucede con los bosques que crecen con más fuerza después del incendio, así brotó en el alma de Leopoldo aquel cariño que tiempo atrás, sucumbió al fuego de la mentira y el engaño.

Caridad devastó en un solo día su corazón y la odió por eso. El tiempo suavizó ese odio y terminó incluso queriéndola, debido a su entrega y devoción, pero encontrar a su antiguo amor y sorprendentemente seguir amándola, revivió aquel olvidado rencor, el cual regresó con más fuerza que antes, culpándola por lo que hizo y por el tiempo que le quitó al lado de la mujer que realmente amaba.

Al estar enamorado, comprendió que ese sentimiento y la felicidad que experimentaba podrían haber estado en su vida hacía mucho tiempo y por consiguiente, ahora sería un hombre plenamente feliz, rodeado de hijos y una familia amorosa, que era el sueño secreto que siempre tuvo.

Así que arremetió contra su esposa con todo lo que tenía y lo que se permitía, porque si bien no la insultaba verbal o físicamente, desplegaba todo un arsenal de miradas y gestos, que eran más elocuentes que cualquier discurso.

Se creía con el derecho de faltar al hogar cuanto quisiera y cuando llegaba a casa, casi nunca tocaba la cena, dejando ver que no tenía hambre por haber comido en otro sitio.

Ya no se cuidaba de ocultar marcas en su ropa o su piel, incluso hacía lo posible porque su esposa lo notara, para que sufriera, y como ella disimulaba y fingía no darse cuenta, entonces mostraba más todavía las huellas de su aventura, casi como si alardeara de ello. Toda esa guerra fría duró por meses, que para Caridad parecieron años.

Una tarde, toda la presión explotó como una olla de frijoles. La ropa blanca acababa de llegar de la tintorería y Caridad tomaba las piezas una por una y las iba colgando en el ropero, como era su costumbre. Al coger una de las camisas de su esposo se quedó mirándola, sin hacer ningún gesto de disgusto ni de aprobación. Una mancha roja, muy disipada por el detergente, cruzaba la manga derecha de la guayabera preferida del senador.

Salió de la casa sin cerrar la puerta y sin cambiarse de ropa, con la prenda en la mano como un estandarte de guerra. Roja de indignación, recorrió las cinco cuadras que separaban su vivienda de la lavandería. Irrumpió en el establecimiento empujando la puerta giratoria con tal fuerza, que siguió dando vueltas un largo tiempo. Buscó con la mirada a la muchacha encargada del lavado y secado de su ropa. Cuando la encontró, la enfrentó a puro grito y a empujones.

—¡¿A esto le llaman limpiar, están ciegas o qué?! ¿Acaso no pueden ver una mancha?

Caridad seguía empujando a la muchacha hasta que la acorraló contra la pared. Le restregaba la camisa en la cara, mientras le gritaba todo tipo de improperios.

La empleada, sorprendida por la arremetida, solo atinaba a retroceder y cubrirse el rostro del ataque con las manos.

La vergüenza de la situación y el temor de ser despedida, le hicieron llorar, lo que provocó que Caridad tomara más impulso en su ataque, llegando a golpearla mientras la chica se acurrucaba en la esquina hecha un ovillo.

Pronto la administradora y el dueño, junto a otras dos empleadas, vinieron en su ayuda, sosteniendo a la dama, que frenética, seguía repartiendo manotazos a todo el que se le acercara. Cuando lograron dominarla ya Caridad comenzaba a recuperar la cordura.

El verdadero alcance de lo que había hecho, se abrió paso en su cerebro poco a poco. Vio con asombro a la empleada agachada en el piso cubriéndose la cabeza y la cara de asombro de los clientes, entre los que se encontraban algunas conocidas.

Se percató de que la sujetaban por los brazos y la cintura, teniendo los implicados una expresión de pánico reflejada en el rostro. Todos la miraban sin decir nada esperando una explicación que seguramente no llegaría jamás.

Las tres personas que la sujetaban, al notar que disminuía la presión y la fuerza de la alterada mujer, la fueron soltando suavemente, como se libera a un cocodrilo después de haberlo atrapado.

Se apartaron de ella instintivamente unos pasos y quedó de pie en medio de todos, rodeada de personas que la observaban incrédulamente sin atreverse a moverse. Frágil como estaba después del arrebato de furia y de haber descargado toda su frustración en la persona de la empleada, era inevitable que hiciera el ridículo.

Rompió a llorar, se cubrió el rostro con la blanca prenda y gritó que lo sentía, pero nadie entendió el grito ahogado por la tela y el llanto.

Salió corriendo de la tintorería sin ver por dónde iba. Cruzó todas las calles sin mirar hacia los lados, solo la salvó el hecho de que era la hora de menor tránsito en las calles del Vedado. Al llegar a la casa, entró sin darse por enterada de la puerta abierta, fue directo a la alcoba y se lanzó a la cama, donde lloró de rabia, desesperación e impotencia, pero no de desamor.

Lo que temía era perder su estatus social y monetario, lo que le dolía era desperdiciar tantos años de trabajo duro y silencioso. Se durmió allí mismo, después de vaciar toda su furia junto con las lágrimas.

Al día siguiente ya tenía concebida la primera parte de un plan. La primera cosa que haría era averiguar dónde vivía la mujer que estaba interfiriendo con su vida y su matrimonio. Tenía que encontrar a alguien de su completa confianza y que pudiera perseguir al senador cuando saliera de la casa.

Ella era una mujer que no salía a menudo y mucho menos era de tener relaciones con personas de bajo nivel que, según su opinión, eran los que podrían hacer.

La vida aburguesada y tranquila había calmado su carácter agresivo, pero seguía siendo en el fondo, la guajira que trabajaba en el surco sacando yucas y papas de la tierra, capaz de cualquier cosa para lograr sus objetivos.

No le importaba correr riesgos y no le temía a nada. La gente del campo puede parecer un poco lenta de pensamiento, por la natural ingenuidad de una vida sana y confiada, compensando esa ingenuidad con una voluntad refinada en las extremas condiciones del monte, haciendo de ellos un ser sumamente voluntarioso y resuelto.

Caridad tenía esa fuerza interna para acometer cualquier encomienda por peligrosa que fuera y al mismo tiempo la picardía de la gente de ciudad, por el tiempo vivido en la capital junto a su esposo, de quien aprendía el enrevesado trato con los políticos.

Al lado de ellos, cualquier delincuente sería un inocente niño, por lo que no debería ser un problema encontrar a alguien dispuesto a trabajar por un poco de dinero. Por fortuna, el único tío que tenía vivía en uno de los barrios más malos de la ciudad, en Los Pocitos. Con esa idea en la mente, salió a la calle después de que su esposo fuera para el trabajo, solo una hora después de haber llegado a la casa.

Capítulo IX
Las cartas de la confirmación

Me despertó el pregón de un frutero. Por suerte yo vivía en los altos, porque si mi ventana quedara a nivel del suelo me hubiese dejado sordo, tenía más futuro en la ópera que en los comercios.

Mascullando me vestí para desayunar, me puse la última camisa limpia que me quedaba, mirando el cesto de ropa sucia con cierto recelo. Al parecer alguien más usaba mis camisas o si no, por qué se llenaba tan rápido.

Luego buscaría al desgraciado para pedirle el dinero de la tintorería, por ahora iría a comer algo y luego, de vuelta al apartamento de Gloria, donde pretendía hacer una búsqueda más profunda a fin de encontrar algo que hubiese pasado por alto.

Necesitaba otra rama de la cual agarrarme o me caería del árbol. La primera vez que estuve en el apartamento, había visto una entrada trasera que seguro daba a algún callejón. Ahora entraría por detrás, de ser posible no quería encontrarme de nuevo con la desagradable humanidad del casero.

De todas maneras, en lo único que me podría ayudar era con la llave del cuarto y eso no lo necesitaba, pues cuando le devolví la placa metálica, solo tenía una de las dos llaves, la otra se había quedado accidentalmente en mi bolsillo.

Cuando llegué, le di la vuelta a la manzana buscando el callejón que me llevaría directo al inmueble. Antes de completar el recorrido lo encontré, penetré en su interior y me dirigí a la puerta trasera de la casa. No había nadie en el callejón, pero observé señales de que alguien usaba este escondite para pasar las noches.

Junto a los latones de basura, una pequeña casa de cartón con una colchoneta en su interior lo denunciaba. Seguí de largo hasta que encontré la puerta enrejada. Como supuse, estaba abierta, la empujé y entré sin ninguna resistencia.

En el interior reinaba un silencio roto solo por un programa de radio que sonaba en algún apartamento.

Estaban poniendo la charla de Clavelito, que daba su acertada predicción a cuanto crédulo oyente le prestara atención, poniendo un vaso de agua encima de la radio para luego beberlo, con la ilusoria idea de que se resolverían sus problemas.

Si eso fuera cierto ya no habría agua potable en el país, con los millones de problemas que la gente tenía, incluyéndome yo. Subí por las escaleras hasta el apartamento, con la sensación de que el casero saldría en cualquier momento a mi encuentro.

Usé la llave y entré, todo estaba exactamente igual a como lo dejé. Las marcas sutiles que hice en algunos objetos como gavetas, mesas o jarrones, permanecían en el mismo lugar. Al menos el dueño no era ladrón, lo que me sorprendió. Tampoco el asesino regresó al lugar del hecho y si lo hizo fue muy cuidadoso.

Busqué sin hacer ruido, ni un fantasma sería más cauteloso registrando a profundidad cada objeto, sobre todo los de la alcoba, donde las mujeres suelen guardar sus secretos.

Al cabo de media hora encontré lo que estaba buscando. Un bulto de cartas amarradas con un cordel azul permanecía fuera del alcance de los curiosos. Estaba amarrado a una puntilla, colgando detrás del armario sobre el que debía estar el arma homicida.

Sin quitarle el lazo, me metí las cartas en el bolsillo delantero del pantalón y continué la búsqueda, aunque estaba bastante seguro de no encontrar nada más, pues las mujeres suelen tener solo un escondite para todo, mientras que los hombres usan dos o tres, nadie sabe por qué.

Me cercioré de que las demás cosas estuviesen en su sitio y salí abriendo la cerradura, tratando de no hacer ruido.

Ya el programa de Clavelito había terminado y en su lugar cantaba Barbarito Diez.

Descendí sigilosamente por las escaleras y me dispuse a salir por donde mismo había entrado. Al pasar por la habitación del encargado, me percaté que un hilo rojo oscuro, secado por el viento, salía por debajo de la puerta, pegado al marco de madera de la misma. Iba a seguir de largo, pero algo me hizo retroceder.

Me agaché y pasé mi dedo por la sustancia roja en el piso, lo calenté en la yema de mis dedos, frotándolos uno contra otro y acerqué mi nariz a ellos. Sin duda alguna era sangre y no era fresca.

Sin estar muy convencido de estar obrando racionalmente, empujé la puerta. Estaba abierta y había algo pesado que la bloqueaba desde adentro. Por supuesto que sabía que era un cuerpo y que seguramente se trataba del carapacho del encargado, pero aun así necesitaba corroborarlo. Empujé con más fuerza y la presión cedió.

El cuerpo tieso y sin vida era de quien me esperaba, un rastro de sangre venía zigzagueando desde la cocina. No tuve que entrar para ver una enorme cazuela tirada donde comenzaba la sangre con un montón de espaguetis secos esparcidos por el piso.

El pobre imbécil trató de llegar a la puerta para pedir ayuda, pero el cuerpo no resistió y sucumbió a la pérdida de sangre o a la conmoción del golpe.

De la herida en la cabeza brotaban hormigas como si se tratara de la lava de un volcán. Entré con mucho cuidado de no pisar la sangre.

Si el asesino de Gloria regresó para atar cabos sueltos, yo estaba en peligro inmediato. Caminé hasta la cocina, siguiendo el rastro de sangre para buscar el origen del golpe. Me llevó directamente al refrigerador, que estaba levantado del piso por una base metálica de tres pulgadas de alto. Una de sus esquinas, muy angulada y filosa, lucía un bello esmaltado de sangre seca.

A un metro de esa esquina, se observaba una huella como un derrape de auto en miniatura, atravesando un charco de salsa de tomate y un poco más allá, una pantufla verde, la otra todavía estaba en el pie del difunto. Salí tomando las mismas precauciones. Miré hacia todos los lados y nadie estaba por los alrededores. Volví a cerrar la puerta, limpié la parte que toqué con mis manos y salí por detrás del edificio.

Una vez en el callejón, casi tropiezo con un hombre que ocupaba la casa de cartón que estaba vacía cuando entré. Se encontraba recostado a la pared del edificio, aparentaba unos sesenta años muy maltratados. La barba amarilla, contrastaba con su piel cobriza producto de la exposición prolongada al sol. Era muy delgado, con la ropa sucia y liaba un cigarrillo sin dejar de mirarme cuando me acerqué. Me agaché a su lado y le mostré unos cuantos billetes.

— ¿Puedo hacerle unas preguntas?

Por la expresión de su rostro y por sus ojos, sabía que podría preguntarle quién era el inventor de la rueda y él me lo diría.

— ¿Cuánto tiempo lleva viviendo aquí?

Me miró muy extrañado, como si lo más normal del mundo fuera vivir en una caja al lado de la basura.

— No sé, unos cinco meses —me respondió, buscando con la mirada en sus recuerdos más remotos.

— ¿En los últimos meses ha entrado por aquí un señor muy elegante con el bigote y las patillas completamente blancas, dos o tres veces por semana?

— ¡Sí, le he visto! —dijo, alegre de saber la respuesta, como en un concurso de televisión—. Es un buen hombre que siempre me da unos centavos, aunque hace tiempo que no viene. ¡Qué lástima! El otro que venía con él no era buena gente, ni siquiera me miraba con esos espejuelos negros que ni los ojos se le veían. ¡Nunca confíes en un hombre al que no le puedes ver los ojos! Si...

— Tome —le puse el dinero en la mano—. ¿No vio a alguno de esos hombres cargando algo pesado, hace dos semanas más o menos y metiéndolo en un auto?

— No, eso no —puso cara de contrariado, como si hubiese perdido el concurso, justo cuando estaba a punto de ganar el premio gordo.

Me paré y di unos pasos en dirección a la calle, cuando la voz del anciano me detuvo.

— ¡Joven! Unos días antes de fin de año, alguien metió un saco muy grande en uno de los contenedores de basura y se lo llevó. Después trajo el contenedor y se volvió a ir. ¿Le sirve eso?

— ¡Claro que me sirve! ¿Recuerda cómo era?

— Era bajo y fuerte, pero no le vi el rostro, porque el saco que traía a cuestas tapaba su cara.

Su cara irradiaba de expectación y no pude resistirme a esa expresión de esperanza. Le di más dinero y las gracias. Por suerte no era un enfermo mental y solo parecía ser un alcohólico, lo que no estaba lejos de lo mismo, pero todavía tenía buena la memoria.

Salí de allí soltando chispas, necesitaba ir a ver a mi amigo Chivás y reportar la muerte del casero, no fuera a ser que alguien me hubiese visto entrar y me buscara un problema por lo que parecía un accidente casero, aunque no podía descartar que lo ayudaran a caerse.

En ese caso alguien estaba atando cabos sueltos y yo no quería terminar con una cazuela de sombrero, manchando el hermoso piso de baldosas de mi inmaculado apartamento con salpicaduras de sangre y salsa para espagueti.

Tendría que sacar mi vieja Luger P08 alemana del armario, donde descansaba de su largo servicio. Había sido, según su último dueño, de un oficial de las SS durante la Segunda Guerra, así que tenía más práctica que yo en eso de matar, aunque dudo mucho que mis enemigos fueran aliados o judíos, me parece que a ella le daba lo mismo.

Por el camino, pensé que tal vez mi anterior visita causó la muerte del casero. Quizás estaban vigilando el lugar y al ver personas revisando, decidieron callarlo para que no hablase o simplemente, el torpe hombre se resbaló mientras cargaba la olla con la salsa derramada en el piso y se golpeó con la esquina cortante de la base del refrigerador. Luego se comió los espaguetis mientras se desangraba y cuando decidió arrastrarse hasta la puerta, murió sin lograrlo, aunque lleno. Todo era posible.

Mientras me dirigía a la estación de policía a ver a mi amigo, para denunciar la muerte del casero, pasé por el bar El Floridita y decidí tomarme un trago para relajarme.

Pedí Havana Club añejo a la roca y me lo bebí de un trago, sin esperar que se diluyera mucho. Cuando salía, observé al gran escritor Ernest Hemingway con otros tres amigos en una mesa.

Se había olvidado de su Daiquiri y tomaba directamente de la botella como si el mundo se fuera a acabar esa noche, entre risas e historias salidas de su fértil imaginación y de sus muchas aventuras.

Yo tenía todos sus libros, pero no estaba de humor para pedir autógrafos y, evidentemente, él tampoco para firmarlos. Me dio envidia y me propuse seriamente dedicarme a escribir y dejar esta jodida carrera de muerte y de susto.

Le conté al capitán con lujo de detalles lo sucedido, olvidando el hecho de que entré a escondidas al edificio y las cartas que encontré en el apartamento, la conversación con el indigente, mi encuentro con Hemingway y que yo tenía una Luger asesina de judíos.

Llamó por teléfono a alguien y me despidió con cara de disgusto. Seguramente no le gustaba el rumbo que estaban tomando los acontecimientos y olía que todo esto terminaría ensuciándole los zapatos.

Regresé al bar, después que me tomaron declaración y me senté con más calma, a quitarles un poco de ron a los pobres alcohólicos. Era mi forma de contribuir al saneamiento de ese mal tan arraigado en la sociedad. Si todos los que no tomamos bebiéramos media botella diaria, no habría alcohol para los enfermos de alcoholismo, lógica simple.

Ya el gran escritor se había marchado, seguramente a pescar agujas en su bote y yo había perdido la oportunidad de pedirle su firma, así que bebí hasta que me dio un ligero mareo. Pagué la cuenta y fui a mi casa.

Por el camino me encontré con Gloria, quien se acompañaba con una amiga tan bella como ella. Si yo tuviere quince años menos, habría invitado a las dos a mi apartamento, pero si lo hacía ahora solo conseguiría hacer el ridículo y malgastar el dinero.

Terminé por llevar a Gloria, mejor mala conocida que buena por conocer, como decía mi sabia abuelita.

La pasamos bien por dos horas... o media hora, no estoy muy seguro. Tuvo tres orgasmos, no sé cuántos fingidos y cuántos reales, se despidió con un beso que solo a mí me daba por ser cliente fijo y por ser tan mono, cogió el dinero y me dejó acostado en el mismo lugar donde desperté.

Después de ducharme y afeitarme, abrí el ropero de par en par. Saqué todas las prendas de vestir y busqué en las cajas de abajo.

En el fondo encontré lo que buscaba. Puse sobre la cama la caja rectangular de madera negra y pulida de bordes filosos. Accioné los dos broches de bronce que mantenían la caja cerrada y milagrosamente se abrieron sin siquiera rechinar. La abrí y se mostró en todo su esplendor la poderosa LugerP08. A su lado, dos cargadores con munición 9*19 Parabellum completaban el juego.

Nunca la había usado contra alguien, pero sabía cómo. Tenía la funda en algún sitio, la busqué y me la puse entre el pantalón y la camisa sujetada por el cinto en mi espalda. La sentía un poco incómoda, pero la sensación de tener encima un arma es tremendamente satisfactoria.

No es que yo fuera amante de las armas ni de andar por la calle armado, a pesar de tener permiso para portarla casi nunca lo hacía, no por principios ni cobardía, sino porque cuando uno porta un arma tan letal, tiende a usarla para remediar cualquier problema.

Tener el poder en tus manos te da cierta superioridad sobre la mayoría y eso es peligroso, pues llega el momento que lo usas irracionalmente, haciendo más daño que el que pretendes evitar. Ahora estaba en una situación especial y tenía que usarla para mi protección, aunque no podía evitar sentirme mejor por usarla.

Me imagino que algo parecido experimentan los dirigentes poderosos de grandes masas de personas. En mi caso era en menor escala, por supuesto. Comprendí entonces por qué el poder es tan adictivo. Si algo tan pequeño y simple te hace sentir así, es comprensible que los hombres se aferran al poder con todo lo que tienen.

Con mi autoestima por las nubes y creyéndome un sheriff de película, acometí la peligrosa misión de ir a desayunar. A partir de hoy cambiaría todos mis hábitos, incluyendo los lugares que frecuento para alimentarme o beber, las calles por las que camino y hasta la hora de levantarme. Me tomaba muy en serio mi vida, pues era la única que tenía y todavía pretendía alargar un poco más mi estancia en este mundo.

Caminé cinco cuadras al azar, hasta que encontré una agradable y pequeña fonda, donde servían pollo frito y panes de muy buen aspecto. El dueño era un polaco que comenzó con un carrito ambulante. A ese ritmo tendría un restaurante en dos o tres años, lo cual merecía, porque en realidad todo lo que se ofrecía allí era de primera calidad.

Después me confesó que su éxito se debía al encurtido de sus pepinillos y a preparar el pollo a freír con zumo de limón y especies un día antes de ser cocinado. Prometí que lo recordaría si algún día cambiaba de oficio y salí. Necesitaba un lugar tranquilo y seguro donde leer las cartas de Gloria, por lo que fui a la biblioteca municipal. Allí me instalé en la mesa más alejada de todas, tomé cualquier libro y comencé a leer con toda la paciencia del mundo las cinco cartas que encontré escondidas en su cuarto.

Había tres cartas escritas por hombres, con fechas muy antiguas como para tener que ver con el asesinato, la más cercana era de hace un año atrás. Se trataba de confesiones de amor y de promesas imposibles en su mayoría. Ninguna contenía amenazas ni lenguaje ofensivo, más bien eran sumisas y dulces. En ellas se especificaba que adjuntaban dinero para gastos adicionales de la chica. Solo podía imaginar que Gloria escondía estas cartas para proteger a sus clientes, aunque eso podía hacerse con quemar los papeles que era más simple y seguro. También era posible que no fuera tan santa como yo quería creer y mantenía en su poder los escritos, para chantajear a los hombres que se acostaban con ella y sacarles algo extra. Si fuera así, el motivo de su muerte podría ser alguna de estas cartas y no tener que ver con el novio. Pudo pasar que el asesino no las encontró el día que la mató y regresara después para buscar mejor, encontrándose con el casero y acabando con su vida por necesidad. Apunté en mi agenda los nombres y la dirección de los tres remitentes en clave, por si acaso. Las otras dos cartas eran de su novio, se podía ver por el lenguaje que empleaba y no tenían remitente, si destruyeron los sobres o fueron entregadas personalmente, no tenía forma de saberlo.

Me concentré en las dos misivas, para poder sacarle todas las pistas que pudieran tener. Lo primero que llamó mi atención fue la caligrafía, era hermosa y culta, obviamente quien las escribió era educado, quizá un doctor o un intelectual. El papel era de la mejor calidad y el timbre había sido removido junto con una banda de dos pulgadas del lado derecho de las hojas. El hombre era cuidadoso con su identidad, lo que me llevaba a pensar que estaba buscando a alguien un poco más importante que un doctor. Usaron para escribir una estilográfica de fuente, fiable e igualmente de calidad, no había manchas al principio de las letras y el fluido de la tinta era parejo en todo el texto. La evidencia física no me podía ofrecer nada más, por lo que me concentré en el contenido. Fue escrita el veinte de octubre.

"Querido amor mío:

> Hoy he despertado oliendo a ti después de pasarme toda la noche soñando contigo. Tengo que dejar de hacerlo o me volveré loco de tanta dicha. En la oficina me han dicho que ando distraído, que tienen que repetirme las cosas; incluso alguien me preguntó si estaba perdiendo el oído, porque le

hice caso después de que me llamara tres veces. Así de tonto me encuentro por tu causa.

Pienso todos los días en los momentos hermosos que he dejado de vivir a tu lado por aquella estupidez de hace tantos años. Tenía que haber sabido que tú no harías algo como eso. Te confieso que en el fondo tenía mis dudas, pero la pasión acumulada durante meses me cegó y no vi las diferencias tan notables que las hacen distintas por completo. Ahora la vida o tal vez Dios me dan una segunda oportunidad que no pienso desaprovechar. Te juro por lo más sagrado que nunca te dejaré si tú lo quieres así.

Espero poder verte hoy. Saldré de una reunión temprano y pasaré por ti a las seis de la tarde. Te voy a llevar a un restaurante que descubrí hace poco y que es excelente. Se llama La Estrella de Oro y está en Monte. Es pequeño, pero te va a encantar. Ahora tengo que dejarte. Estoy ardiendo de deseos por verte. Besos.

PD: Bríndale café a mi chofer, pues hoy no ha podido tomar por mi culpa y si puedes mándame un poco en el termo. Aquí hay, pero nadie lo hace tan rico como tú.

L.M."

La otra carta tenía fecha del veinticinco de diciembre, decía así: "Vida mía:

Perdóname por mi reacción, me tomaste por sorpresa y aún no me creo la noticia tan fantástica que me diste. Lo único que faltaba para ser el hombre más feliz del mundo es que me llamen papá. Estoy tan nervioso que apenas puedo escribir. No quepo en esta oficina, creo que voy a tomarme unas vacaciones, aprovechando que no es año de elecciones para celebrar juntos. Con respecto a lo que hablamos anoche, mi respuesta es sí. Aunque me cueste el puesto la dejaré y viviremos juntos los tres, te lo prometo y puedes guardar esta carta como prueba de mi decisión. Espero que esto te haga feliz.

P.D: Te amo.

L.M."

Las cosas estaban aclarándose. Por el contenido de las cartas se podía deducir que, a finales de octubre la pareja estaba viviendo un apasionado romance que habría dejado huellas por toda la ciudad, huellas que yo pretendía seguir enseguida, yendo al pequeño restaurante que mencionaba y averiguando si allí conocían al personaje de patillas blancas, quien era mi primer y único sospechoso por ahora. Gloria le había dicho que estaba embarazada casi al terminar el año, lo que pudiera haber sido el detonante de la agresión, al ver amenazada su relación con la mujer oficial y hasta su empleo. Esas promesas se las dejo a quien se las quiera creer; el papel aguanta todo lo que le pongan además de la tinta. La vida me ha enseñado que todos mentimos para obtener lo que queremos y mentimos despiadadamente a diestra y siniestra a los que odiamos, a los que nos son indiferentes, a desconocidos y a los que amamos, a todos por igual.

Otra cosa era que estos dos ya se conocían y bastante bien, al nivel de tener una relación, en la cual él entendió que ella lo había traicionado y en el momento de escribir la carta estaba convencido de haberse equivocado. Se arrepintió de no creerle la excusa que empleó y ahora ella le daba una segunda oportunidad, la cual por lo visto aprovechó bien, dejándola embarazada e infundiéndole esperanzas con promesas que nunca cumpliría, pero que ella seguramente se creyó. También se podía deducir que el tal L.M., que espero sean sus verdaderas iniciales, trabaja para el gobierno, pues menciona las elecciones y el hecho de que tenga chofer propio lo convierte en un peje gordo, no un simple secretario o notario. Quizás estemos hablando de un alcalde o algo parecido, lo que me da escalofríos. Ya serían dos políticos en la familia y si uno es malo, dos son peor. Estos hombres no se andan con rodeos. Durante toda su vida han tenido que escalar posiciones entre una jauría de perros rabiosos, dispuestos a todo por vivir sin trabajar, o mejor dicho, vivir del trabajo de los demás. Están tan acostumbrados a esta lucha, que ven como algo normal asesinar a alguien para encubrir un secreto que les supondría una desventaja con respecto a sus colegas en la pelea por el poder. Esa ambición tan vana como agradable y que ha desatado los peores crímenes en la historia del mundo y las guerras más horrorosas, podría ser la causante de este pequeño drama, acontecido en una minúscula isla del Atlántico. El tiempo dirá si es así o no.

Hoy me sentía un poco filósofo, quizás en la noche visite el Centro Asturiano, me pareció ver en la cartelera una obra de teatro de Shakespeare, que además de deprimirme, me recuerda que solo soy un humano más, flotando en esta miseria llamada vida. Esto me llevaría a emborracharme y luego a gastarme el dinero de la comida en una prostituta y despertar con resaca y mareo, para continuar en el ciclo sin fin de mi fértil existencia.

¡Dios mío! Creo que Teté tiene razón y debería cambiar mi estilo de vida o moriré joven. Por el momento veré que puedo averiguar en ese restaurante.

Capítulo X
Viviendo la mas completa felicidad

Todo era felicidad en la vida de Gloria. No estaba acostumbrada a tener un hombre todo el día y toda la noche dando vueltas a su alrededor, por eso la relación con Leopoldo le iba de maravillas.

Venía prácticamente todos los días, quedándose a dormir muy a menudo y cuando no lo hacía, en la mañana pasaba antes de ir al trabajo, dejándole dinero para hacer las compras de la comida y algo más, como unos zapatos o un vestido. Regresaba por la noche para la cena o más temprano para ir al cine o al teatro, algo que Gloria no conocía.

No sentía para nada que le pagaban por sexo y siempre estaba la probabilidad de que dejara a su hermana para casarse con ella.

Con estos sueños y la novedad de ser casi la señora de un hombre importante y poderoso, transcurrían los días más felices de su vida, exceptuando tal vez, los vividos durante su noviazgo con la misma persona que ahora amaba, así que lo consideraba una continuidad de su felicidad.

En este estado de gracia, pasaron dos meses de puro amor y diversión, teniendo su clímax cuando el ciclo menstrual se retrasó una semana. No cabía dentro de sí y tuvo que hacer un gran esfuerzo para no decírselo a Leopoldo hasta estar segura. Esperó quince días más y fue al médico, quien le confirmó su estado sin duda alguna.

Esa noche era Noche Buena, preparó la cena más espectacular que ser humano podía tener. Se gastó en la comida la mitad del dinero que tenía ahorrado. Compró mantel y vajilla nuevas, velas, servilletas y copas de cristal. Caminó cinco horas buscando el mejor vino que se podía dar el lujo de pagar.

Todo era perfecto y cuando Leopoldo llegó, le dio un beso tan apasionado como los que se daban debajo de la ceiba en su pueblo natal, cuando él la visitaba los sábados.

Ella no pudo esperar a terminar la cena y se lo dijo con lágrimas en los ojos. La exquisita comida sirvió para el siguiente día, cuando se reconciliaron, porque no comieron más esa noche; se la pasaron discutiendo como si llevaran diez años de casados. A él se le ocurrió preguntarle si estaba segura de la paternidad.

Fue suficiente para desatar la ira descontrolada de Gloria, que se sintió herida en lo más profundo de su ser. Poco le faltó para destruir todo lo que había comprado en la estúpida cabeza de su novio.

Al otro día recibió una carta que la calmó. En la tarde lo recibió con los brazos abiertos, con la sabida ambigüedad de las mujeres embarazadas. Después de la comida recalentada, celebraron haciendo el amor. Entre batalla y batalla, Leopoldo le acariciaba y besaba el vientre con una ternura nueva para ambos.

El día siguiente regresó más temprano con un elegante vestido de noche y la llevó a la ópera. Ella lloró durante toda la función sin entender ni una palabra y él se la pasó sonriendo con la ilusión que le hacía tener un hijo, cuando ya lo daba por imposible. Nada podía ser mejor.

Lo único que empañaba la felicidad de ambos era el matrimonio de Morales, aunque, a decir verdad, Gloria ya daba como un hecho que terminarían y más ahora que esperaban un hijo.

La euforia del momento no le permitía pensar en nada negativo, nada se interpondría entre ella y su felicidad que por supuesto, pasaba también por ser la señora del senador de la república, algo que ella no entendía bien, pero que sonaba agradable y rimbombante.

La cabeza de Leopoldo procesaba las cosas de manera diferente. Él era alguien muy importante y aunque deseaba vivir con Gloria, las cosas tenían que seguir un orden lógico y pausado.

Primero, tendría que sentarse con sus abogados para encontrar una solución que no fuera muy costosa y lo menos traumática posible para su carrera política.

No tenía la libertad, como la mayoría de las personas, de cambiar el rumbo de su vida el día que quisiera, sin pensar en consecuencias graves. Si se desataba un escándalo, la competencia lo haría pedazos y, pensándolo bien, nunca había tenido otro oficio que el de político, pues la abogacía casi ni la ejerció, ya que solo era una plataforma para lanzarse tras su verdadero objetivo.

Todos en su círculo sabían que andaba en algo, pero supo guardar bien la ropa antes de bañarse, así que nadie podía hacer algo contra él.

Su esposa era de armas tomar, aunque parecía un ser inocente. La trampa que le tendió en el pasado y los consejos maquiavélicos que en muchas ocasiones le dio, cuando se enfrentaba a situaciones delicadas en su carrera y que, en honor a la verdad, le hizo ascender en el ámbito político, le daban una buena razón para temer de ella.

Podría ir a la prensa o con los enemigos que se darían banquete con la historia de la querida embarazada. Sabía que una mujer despechada es capaz de echar abajo una montaña, aunque le cayese encima.

La otra persona que sabía sus secretos era su chofer, pero la idea de protegerse de él ni le pasaba por la mente. El chofer no era solo un conductor de autos, era la mano derecha del senador.

De hecho, era su arma secreta. Se encargaba de reunir información al mismo tiempo que desinformaba a los demás choferes y el cuerpo de servicio, su insólito e invisible trabajo, había influido incluso en resultados de luchas políticas que ni siquiera vieron que sus desenlaces pasaban por la modesta acción de un humilde chofer.

Él se encargaba de preparar todos los escenarios posibles para que nada tomara por sorpresa a su jefe. Cada ataque, cada defensa, se trabajaba desde lo anónimo, comenzando desde abajo. Secretos contados en la cocina del Capitolio o en la cama de las queridas, conversaciones telefónicas al alcance de los oídos equivocados, todos los pequeños y grandes detalles, formaban parte de la telaraña de servidores que en la mayoría de los casos quedaban en chismes, pero que bien coleccionados podían y servían para aumentar el arsenal de datos que se utilizaban en la lucha por el poder.

Apenas cuando Morales comenzaba a ejercer como abogado, un chico necesitó de sus servicios para dilucidar una acusación por asesinato. Se le acusaba de darle muerte a su padrastro, que abusaba físicamente de su madre.

El caso se hizo muy popular y el padre de Leopoldo, también abogado y hombre ambicioso, arregló el resultado del juicio para que su hijo saliera triunfante y así ganara nombre dentro del gremio.

La madre del adolescente murió, producto de la golpiza y Leopoldo adoptó al huérfano, como parte de una campaña que lo llevó a ser un hombre respetable en poco tiempo. Lo que le sirvió para dejar de ejercer y dedicarse a la política de lleno.

Todo ese trayecto lo recorrió el chico a su lado, quien tenía hacia él, algo muy parecido a la adoración.

Gracias a su jefe tenía libertad, educación, casa y un salario bastante más grande que cualquier otro chofer del país. Haría cualquier cosa por devolverle un poco de su bondad, incluso mataría por él o más aún, moriría por él. Leopoldo Morales lo sabía, por eso ni tan siquiera valoró una traición de su parte.

Con lo que el político embebido de felicidad no contaba, era que su mujer no buscaría venganza contra él.

Si Morales fracasaba en su carrera, la primera perjudicada iba a ser ella misma. Toda su posición, su estándar de vida, sus comodidades se irían abajo o por lo menos disminuirían mucho y solo se aseguraría perder al hombre para siempre, quedando a la deriva en un mundo donde su belleza ya no serviría para comenzar de nuevo y si así fuera, era poco probable que tuviese otra vez la misma suerte de encontrar a alguien como su esposo.

De todas maneras, no correría el riesgo, prefería ir al seguro.

Caridad tenía un tío, que nunca estuvo muy cerca de la familia ni cuando vivían en el campo. De vez en vez le dejaba caer algunas migajas, por el casual hecho de ser hermano de su madre, aunque nunca se portó como tal.

Desde joven fue la vergüenza de la familia y ahora de viejo seguía siendo igual. Vivía en un solar de la Habana Vieja, vendiendo y consumiendo marihuana, que mezclaba con hojas secas de tabaco para poder fumar gratis.

Caridad atravesó la entrada del solar con presteza y despreocupación. Sabía que, si mostraba miedo, atraería a los delincuentes como un pastel a las moscas.

Se dirigió a un hombre negro de unos sesenta años, que fumaba sentado en una silla de madera recostada contra la pared. Descalzo y con el torso descubierto y brilloso debido al calor, permanecía impasible mientras la dama se acercaba.

— Buenos días. Necesito ver al Seca.

— Si quieres hierba yo te puedo ayudar —le dijo el negro, recorriendo todo su cuerpo con la mirada de arriba hasta abajo dos veces.

— No quiero hierba. Quiero ver al Seca. O me dice y se gana dos pesos o se lo pregunto a otro.

Sin duda alguna sabía hablarle a este tipo de gente, que en presencia de autoridad tienden a obedecer por instinto de conservación.

— Segundo piso. La puerta pintada de verde.

Caridad se dirigió a la escalera, mientras el hombre le preguntaba por su dinero.

— Cuando salga se lo doy —le dijo con un tono que no dejaba espacio al reclamo.

El viejo se molestó un poco, pero pareció conformarse. Él sabía que la gente así cumple sus promesas. Es mejor pagar lo prometido que tener un problema con los habitantes del solar.

Caridad subió las escaleras que bordeaban la pared de lo que en otro tiempo fuera un patio interior para el recreo y el esparcimiento de la familia que construyó la enorme casona colonial, que ahora servía de hogar a decenas de personas pobres, ocupando cada familia, el espacio destinado para un solo miembro de la aristocracia habanera de la colonia.

La escalera desembocó en un balcón circular, con una baranda metálica que le daba toda la vuelta al lugar y terminaba en otra escalera idéntica a la que acababa de subir, distanciada unos cuatro metros en sentido contrario.

Buscó la puerta pintada de verde y tocó fuertemente, más por los nervios que por la premura. Como quiera que sea, si no estás acostumbrado al ambiente de un solar, te puede causar una sensación de temor bastante fuerte.

— ¡Ya voy, demonios! —se escuchó detrás de la puerta verde, que le quedaba muy poco de ese color y más bien parecía un perro con sarna.

Se abrió la ventana próxima a la puerta y el tío asomó la cabeza, con los ojos medio cerrados por la claridad. Era evidente que se acababa de levantar de la cama.

— ¿Quién es? ¿Eh?

Caridad no respondió, se limitó a esperar, con cara indiferente que el tío la reconociera y así fue.

— ¿Eres tú, Caridad? ¿Pero... qué haces por aquí?

Pareció reaccionar y cerró la ventana, abriendo la puerta de par en par, haciendo rechinar las bisagras oxidadas. Un aire caliente y viciado golpeó a la mujer de lleno en la cara, pero lo soportó estoicamente.

El tío parecía mucho más viejo de lo que era. Una calva bastante pronunciada brillaba de sudor, rodeada de una cabellera enmarañada, donde el color negro apenas dominaba sobre el blanco.

La piel le colgaba del esqueleto en pliegues pequeños como ropa de seda. Los años, la droga y el alcohol le habían ganado la batalla, se notaba en su color amarillento y en su figura desgarbada y torcida. Vestía un pantalón gris, amarrado a la cintura con un cordón de zapato y unas chancletas desgastadas. Despojó una silla de ropa sucia e invitó a

Caridad a que se sentara con un gesto, cogió un jarro de aluminio con café, hecho el día anterior y se sentó en el borde de la cama a sorberlo. Caridad no se sentó.

—Vengo a proponerte un negocio muy ventajoso. Vas a ganar mucho dinero por hacer casi nada.

— Te escucho —dijo el viejo con la vista clavada en el café frío, sin prestarle ninguna importancia al asunto.

—Deja de hacerte el interesante, ambos sabemos que estás necesitado de dinero.

— La verdad no tanto; estoy acostumbrado a vivir con poco —respondió el viejo, haciendo una mueca de disgusto por haber terminado con la bebida demasiado rápido.

Acostumbrado a regatear, podía oler que su sobrina tenía algo grande entre manos y pretendía exprimirle cuanto pudiera.

— Entonces me voy. Buscaré a alguien más.

Caridad dio un giro sobre sus talones, como un militar y ya se marchaba cuando el tío la tomó por el brazo. Su desesperación fue más grande que su estrategia de negociación.

— No seas tan susceptible sobrina. ¡Es que ya no se puede bromear! Ven y cuéntale a tu tío del alma cuál es el problema y yo con gusto te ayudaré.

Toda resistencia había caído. Era el momento de Caridad, sabía que el viejo estaba enganchado con droga o bebida y le sacaría algún provecho.

—Necesito que vigiles a alguien por dos o tres días. Te daré cuarenta pesos.

— Por cuarenta pesos te vigilo al presidente de la república. ¡Ja, ja, ja...!

Al viejo le sobrevino un ataque de tos que le duró unos segundos, tomó una botella de debajo de la cama y se dio un largo trago.

— ¡No sé qué hago aquí! Se quejó Caridad.

— ¡Sólo a mí se me ocurre encargarle algo a un alcohólico como tú!

— ¡Que solo es agua, mujer! Qué desagradable eres, no me extrañaría que tu marido te ponga los cuernos.

Caridad saltó como un resorte comprimido. Con los puños cerrados encaró a su tío, que se inclinó hacia atrás en la cama, cubriendo su cara con los brazos mientras sonreía satisfecho de haber dado en el clavo al primer inteto.

— ¿Qué dices, de dónde sacaste eso? ¡Contesta!

— No lo saqué de ningún lado. ¿Por qué otro motivo estarías aquí, pidiéndome algo tan extraño y dando dinero además?

Caridad pareció calmarse, cuando en realidad estaba pensando. Lo mejor era salir rápido del asunto para que su tío no negociara.

— Quiero que averigües con quién se ve y la dirección exacta del lugar. Y que sea pronto, tengo apuro en saber. Aquí están los primeros veinte pesos, los otros te los doy cuando me traigas una respuesta.

Hacía mucho tiempo que el viejo no veía veinte pesos juntos. En dos o tres días, ganaría suficiente para pagar lo que le debía al bodeguero y para terminar el mes, contando los gastos de alcohol y la hierba.

Agarró lentamente el billete con el retrato de Carlos Manuel de Céspedes y miró a su sobrina seriamente.

— ¿Seguro que quieres saber? No es lo mismo imaginar que estar seguro.

— Yo ya estoy segura. Solo quiero saber quién es y dónde vive.

— De acuerdo. Entonces regresa en tres días y trae el resto del dinero. Yo tendré tus respuestas.

— No. En cuanto tengas algo, vas y me lo dices. Sabes que en las mañanas estoy sola. Ve por la puerta trasera, como siempre.

No esperó respuesta de su tío que se quedó sentado, acariciando el billete entre sus dedos, calculando cuánto le duraría. Bajó las escaleras y puso en las manos del negro de la entrada dos pesos, apurando el paso para quedar lo más lejos posible de aquel lugar.

Todavía temblaba cuando llegó a su casa. Se bañó y preparó un té de manzanilla, se arrellanó en un butacón y lo bebió, pensando en su próximo movimiento. Por lo pronto esperaría hasta que su tío le trajese respuestas. Luego, en dependencia de lo que averigüe, actuaría.

Lo que sí era seguro es que no se quedaría con las manos cruzadas, mientras otra le robaba a su esposo. Si no era por las buenas sería por las malas, pero nadie se iba a interponer en su felicidad. Haría cualquier cosa para impedirlo.

Caridad no tenía ni idea de lo que era capaz de hacer. Creo que eso es válido para todas las personas. Como seres racionales, entendemos que hay límites que no debemos cruzar, pero todos tenemos un botón que si se pulsa por accidente o conscientemente, nos convertimos en alguien que no sabíamos que existía en nuestro interior.

Así es que hay personas que realizan las más atroces acciones o las más heroicas, dependiendo de la estimulación: amor, miedo, odio, celos, envidia, etc.

Casi cualquier sentimiento, si es suficientemente fuerte, puede cambiarnos por completo. Caridad estaba a punto de conocer cuál era el botón que despertaría su demonio interior.

Capítulo XI
La lluvia de sus ojos

Caminé bastante para dar con el restaurante. Aún no había abierto, pero la barra de bebidas funcionaba. Hacia allí me dirigí, contento de tener una excusa real para pedir un trago. Me senté y miré alrededor; no sé qué le encontraba el novio de Gloria de fantástico al lugar, a no ser que era lo suficientemente tranquilo como para no llamar la atención y poder comer con su querida sin la preocupación de que los vieran. Tenía la esperanza de que hubiese venido varias veces para que alguien lo recordara, así que después de evaporar medio vaso de ron, le pregunté al camarero, poniendo un billete de cinco pesos sobre la barra.
— Amigo, estoy interesado en un cliente que ha frecuentado este lugar, pero más bien ha venido a cenar.
El hombre tenía unos treinta, de rostro afable y complexión media, me examinó por dos segundos y luego de convencerse de que yo no era policía me respondió.
— ¿Sabe qué día vino?
— No exactamente. Después del veinte de octubre. Quizás vino varias veces, solo o acompañado.
El barman me seguía estudiando, mientras pulía una copa para agua con una servilleta blanca de tela. Nada en su rostro me decía si estaba recordando o cantando para sí, la música que la victrola dejaba escapar. Dejó la copa boca abajo junto a otras y atravesó una puerta sin darme ninguna explicación, poniéndose la servilleta en el hombro, como si le pesara llevarla en la mano. Regresó al cabo de tres minutos y me rellenó el vaso sin yo pedírselo.
— Va por la casa —me dijo y guardó la botella bajo el mostrador.
Cuando me llevé el vaso a los labios, un joven apuesto con cara de sueño se sentó a mi lado, medio volteado hacia mí. Parecía por su postura que

no deseaba estar allí más que el tiempo necesario y que saldría corriendo tan pronto terminara la conversación.

Saqué la cartera como si fuese a pagar el trago y le puse un lindo papel moneda sobre la barra, muy cerca de su mano. Él lo recogió con disimulo, mirando a los cristales que seguramente daban a la oficina del dueño del lugar. Me imagino que no les permitan recibir propinas fuera del turno de trabajo.

— ¿Qué quiere saber?

El chico era demasiado directo y seco para ser camarero; o estaba cansado o le duraría poco el empleo.

— Necesito saber si recuerdas a una persona que vino a comer a este lugar a mediados de octubre. Es un hombre maduro, con patillas y bigote blancos, bien vestido y tal vez viniese en un Chevrolet negro, acompañado por una joven hermosa. Esta es la foto de la joven, claro que tienes que imaginártela con un vestido.

Le enseñé la fotografía de Gloria y el joven la tomó en su mano. El ceño fruncido me indicaba que estaba haciendo un esfuerzo sincero por recordarle. Me devolvió la fotografía y giró su cuerpo para ponerse de frente a la barra, le hizo una seña a su compañero y este le sirvió un whisky a la roca, en un vaso Old Fashioned. Lo revolvió un poco y se dio un trago. Era muy joven para tomar así, pero al parecer los chicos de hoy crecen muy rápido.

— Los recuerdo bien. Vinieron varias veces durante los últimos meses del año. Nunca he tenido una clienta tan hermosa y tan venática. A veces era risueña y alegre, bromeaba con todos y se reía a carcajadas y sin embargo, en otras ocasiones era fría y seca, malhumorada y tiesa, como si fueran dos seres distintos. Nuestro empleo nos enseña a lidiar con personas de todo tipo, pero lo de ella era demasiado. Todos comentaban lo desdichado que era ese hombre, condenado a vivir con alguien tan cambiante.

Se detuvo un momento para vaciar un tercio del vaso. No me imaginaba que fuese tan elocuente, estaba empezando a creer que le había dado mucho dinero.
— La última vez que vinieron fue... el veintisiete o veintiséis de diciembre, luego no se les vio más. Me imagino que terminaron por la linda discusión que se armó. Ella se levantó de la mesa y le gritó un montón de cosas.
Se detuvo nuevamente con una sonrisa a medias en su rostro, como si le diera gracia recordar la escena. Finalizó su bebida y se quedó mirando los trozos de hielo que se derretían en el fondo del vaso. Le hice una seña a su colega detrás de la barra y sirvió generosamente a los dos. Seguramente había notado mi interés en el relato y adivinaba otra buena propina. Con el dolor de mi alma, puse bajo su brazo apoyado en la barra cinco pesos más. Ya había excedido el monto destinado a propinas de todo el año, gracias a la generosa paga de mi cliente, pero veía cómo se reducían mis ganancias notablemente con cada pista que conseguía.
— ¿Recuerda algo de la discusión, algo que se hayan dicho en voz alta?
— Claro que sí. Al parecer él la dejaba por otra, por una prostituta o algo así. También dijo que su venganza ya estaba en camino y que lo lamentaría. Eso es todo, creo.
Como me temía, gasté mucho dinero por nada. Esa misma discusión la habían tenido en la habitación de Gloria. Lo cual indicaba que siguieron peleando y que el novio se arrepintió de cumplir sus promesas como yo me temía. Contrariado me paré y le di las gracias, caminé dos metros y la voz del joven me hizo volverme cuando me llamó.
—Se me olvidaba algo que no sé si lo ayude.
Parece que últimamente, las personas estaban teniendo acción retardada, se acordaban de cosas cuando ya me iba o era más simpático de lo que creía y por eso no querían que me fuera.
— Por favor —le dije sin muchas esperanzas.

—También le dijo que gracias a ella y solo a ella él había llegado a senador. Lo que me pareció muy raro, porque qué iba a hacer un senador en un restaurant...
— Esa noche. ¿Quién era, la mujer alegre o la amargada?
— ¿Cómo?
— ¿La alegre o la amargada?
— La... amargada, creo.

No escuché más. De momento, todas las conversaciones sueltas, todas las dudas y preguntas, todas las teorías que me había planteado desaparecieron y la verdad absoluta y certera apareció delante de mí como una montaña.

No sé si corrí o caminé muy rápido, solo estoy seguro de que llegué enseguida a mi apartamento, me arranqué la ropa y me metí debajo del chorro de agua fría. No podía creer lo que desde el principio era tan evidente.

El hombre misterioso y poderoso era el esposo de su hermana, quien descaradamente llevaba a las dos a cenar al mismo lugar, aprovechando que eran gemelas. Si alguien lo viera por accidente con la querida, no sabría diferenciar una de otra.

Muy astuto y desalmado salió el señorito, político, al fin y al cabo. Pero las cosas se le enredaron con el embarazo de Gloria y tuvo que tomar una decisión y parece que optó por separarse de su esposa.

Esta lo amenazó seriamente y optó por la solución más sucia y cobarde posible. Mandó a matar a la querida, embarazada y todo como estaba.

Ahora tenía dos grandes preocupaciones, la primera era cómo se lo iba a decir a mi cliente, pues a pesar de todo seguía sin pruebas inefables del delito, solo conjeturas bastante lógicas.

Tendría que escarbar para encontrarlas y eso podría traer problemas mayores. No me importaba que el asesino fuera un senador, un presidente o un mendigo, si mató o mandó a matar a la chica, le iba a arrancar la cabeza con mis manos, aunque no pudiera llevarlo a un tribunal. Por suerte o por desgracia, estoy hecho en blanco y negro, los matices me son indiferentes. Si lo hizo, le haré pagar, no me interesa cómo.

La segunda preocupación era mi seguridad y la de mi cliente. Un senador es una persona muy influyente y no se detendrá en nimiedades para proteger su puesto y su vida. Sabía que era posible que estuviésemos en peligro de alguna forma.

La muerte de Gloria fue un poco chapucera, pero un senador podría buscar a alguien mejor o a varios asesinos, haciendo difícil mi voluntad de seguir respirando.

Cuando pensaba que ya llevaba bastante tiempo debajo del agua, me pareció sentir el cerrojo de la puerta principal del apartamento. Se tensó mi cuerpo como una cuerda de violín.

Había dejado mi arma sobre la cama y al recordarlo me cagué en la madre que me había parido, cuarenta y tres años atrás. Escuché atentamente.

Un ruido leve, apenas audible venía del dormitorio. Me deslicé desnudo, sin descorrer la cortina y sin cerrar la ducha y me introduje en el armario de la ropa de baño que quedaba justo frente a la puerta. Era sumamente estrecho, pero dadas las circunstancias me parecía un palacio, pues como estaba era capaz de meterme en un caracol.

La puerta del armario tenía persianas fijas, permitiendo el flujo de aire para que la ropa no tuviese olor a humedad. A través de esas persianas, podía ver todo el baño claramente.

La manija redonda y pulida de la puerta comenzó a girar hacia la izquierda, al no abrirse giró hacia la derecha. La puerta se despegó una pulgada y se detuvo, esperando alguna reacción de mi parte. Al no alterarse el flujo de agua en la bañadera, el asesino se decidió a abrirla un poco más, introduciendo el cañón del arma.

Pensé que dispararía desde allí para no arriesgarse, pero al parecer era más temerario de lo que yo creía, o menos inteligente. La puerta se abrió por completo y pude ver a la persona que empuñaba mi Luger...

Era Marta y se encontraba un poco mal vestida para ser una matona a sueldo. El cabello suelto no conseguía tapar del todo sus pechos bien formados y firmes, cubiertos por unos sostenes negros de encaje que no lograban disimular sus erizados pezones. Su vestido había desaparecido, quedando la lencería más hermosa que jamás vi en mi vida. La piel parecía de cera, tersa, brillante y firme. El cuerpo no tenía defectos, estaba exactamente proporcionada en todas las direcciones y en todos los ángulos. Pensé en dejar que se diese cuenta de la ausencia de mi ser detrás de la cortina de nylon, pero mis hormonas no pensaban igual.
Abrí de un golpe la puerta, quedando a sus espaldas. Cuando giró, asustada por el sonido de la madera contra la pared, agarré su mano armada con mi mano derecha, con la izquierda la tomé por la cintura y la atraje hacia mí.
Su boca entreabierta por la sorpresa se incrustó contra la mía, sus ojos se cerraron y nuestras lenguas se enredaron en un beso ardiente, pasional. Un beso de sangre y vida.
Dejó caer el arma en el piso, me abrazó con la fuerza de una anaconda y se trepó encima de mí, dando un pequeño salto. Sus piernas se aferraban a mi cintura sin piedad, la despojé de la poca ropa que tenía y comenzamos a hacer el amor allí mismo, de pie. Rebotando en las paredes fuimos a dar a la cama, donde su cuerpo terminó arriba del mío. No sé si fue la emoción de sostener la pistola o que el juego del matón la excitó; quizás esa era su naturaleza, pero nunca me amaron de esa manera.
Su rostro, otrora delicadamente bello, se transformó en la expresión del deseo y la lujuria, despedía chispas por los ojos y su cabello despeinado le cubría partes de la cara que ella apartaba con un gesto de furia, para verme o dejar verse mejor por mí.
Cuando no parecía caber más pasión en ella, pasó sus brazos por mi espalda aferrándose a mis hombros.
Entonces comenzó el orgasmo más largo que presencié en mujer alguna. Me abrazaba tan fuerte que casi dolía y sus movimientos eran

tan vigorosos que amenazaban con lastimarme donde más duele a un hombre. Al llegar al clímax sus ojos lloraban, se desplomó sobre mí y su respiración se fue calmando poco a poco.

Parecía que su corazón estaba latiendo directamente sobre mi pecho, tan fuerte que no me permitía sentir el mío. El llanto de sus ojos caía en cálidas gotas en mi piel, recordándome esa lluvia cálida de verano que tanto me gustaba cuando era niño.

La lluvia de sus ojos cesó y parecía haberse quedado dormida, haciéndome pensar que todo había terminado, pero cuando se calmó y con su piel aún caliente por el esfuerzo, se incorporó solo un poco, de manera que podía ver su cara y parte de sus pechos. Me sonrió y me besó tiernamente en los labios, siguió besándome en el cuello y luego en el pecho.

Con un descaro perturbador continuó bajando. Sus besos y caricias recorrieron mi vientre como una llama juguetona y ardiente. Su destreza era enorme, su deseo insaciable, su lengua y su boca acariciaron lugares prohibidos para la mayoría de las personas.

Me dejó sin reacción, estaba a sus órdenes y ella lo sabía. Hizo lo que deseó todo el tiempo que lo deseó, convirtiéndome en una marioneta de sus antojos. Me hipnotizó de tal manera, que ni siquiera pensé en tomar la iniciativa, solo me dejé llevar por la corriente de su río bravo e insolente.

Me envolvió en una especie de gelatina invisible que me elevó en el aire, deseando que nunca se acabara ese momento mágico y nuevo para mí.

También lloré, pero no de felicidad o de placer. Lloré de miedo, miedo a que no se repitiera, miedo a que fuera para ella un momento habitual y cotidiano, miedo a enamorarme de una completa extraña, lloré por la memoria de un amor perdido hacía bastante tiempo, lloré porque me la recordaba, pero lloré por dentro.

Ya era demasiado viejo para mostrar tan fácilmente mis debilidades. Después de haber vivido tantas experiencias en tantos años, nunca imaginé que alguien me enseñara a sentir como un adolescente.

No me percaté de cuántos orgasmos tuve, ni cuánto duró aquella guerra, pero dormí como hacía años no dormía y al despertar, recuerdo que mantuve los ojos cerrados durante mucho tiempo, tratando de adivinar si ella seguía a mi lado o se había marchado.

Al final llegué a la conclusión de que estaba solo, su olor y una de mis manos, que permanecía atada a la cabecera de la cama, me aseguraba que no había sido un sueño.

Me senté sin poner los pies en el piso e intenté desatarme, el nudo estaba un poco apretado y usé la boca para zafarlo, el pañuelo era de seda y resbalaron mis dientes, mordiéndome la lengua.

— ¡Maldición! —grité.

— ¿Te hiciste daño? —susurró alguien a mis espaldas.

Giré y allí estaba Marta, completamente vestida de negro, como el primer día que la vi, pero con otro vestido.

En sus manos llevaba una bandeja sacada de mi cocina, sobre ella traía una jarra de cristal llena de batido de mamey, dos huevos fritos y lascas de jamón de agua con rodajas de pan.

No pude responder la pregunta, quería decir algo ingenioso, pero lo único que me venía a la mente eran estupideces.

Ella se percató de ello y se adelantó. Puso la bandeja en la cama y cogió el tenedor, lo introdujo en el nudo y haló hacia ella, deshaciéndolo en un momento. Puso el tenedor de vuelta en la bandeja y se sentó a cierta distancia de mí, en una silla.

— Espero que te guste, no sé qué acostumbras a desayunar.

— No hay problema, todo está perfecto —dije cogiendo la bandeja y cubriendo con ella mi desnudez, que sin saber exactamente por qué, me avergonzaba.

— Espero que lo ocurrido no cambie en nada nuestra relación —dijo ella.

Pues todo había cambiado en una noche. Yo parecía un muchacho asustado y ella poseía todo el control. Me sentía como el alumno que se enamora de la profesora y ella lo sabe, avergonzándose de su amor platónico.

El desparpajo de sentarse frente a mí, sabiéndome desnudo y no molestarse en lo más mínimo me desconcertaba. No tenía idea de cómo actuar, si debía preguntarle si le gustó o por qué lo hizo, si debía decirle en ese momento sobre la muerte de su hermana o si debía romperle el vestido y amarla durante una semana sin parar, que era mi verdadero deseo.

Comencé a comer sin que me supiera a nada, solo para disimular mi indecisión, tratando de aparentar que no le prestaba mucha atención a lo ocurrido.

Pareció surtir efecto, ella enseguida cambió de actitud, luciendo un poco ofendida. En la cama, las mujeres fingen mejor que los hombres, pero fuera de ella, también.

Así que tendría que recurrir a toda mi experiencia en cosas del amor para recuperar el terreno perdido durante la noche, que era bastante a juzgar por la frescura, seguridad y atrevimiento de mi invitada. Parecía estar muy satisfecha con todo lo que logró de mí.

— ¿Ha conseguido algún progreso durante la semana?

— Sí —dije mientras me vestía—. Pero primero tengo que preguntarte algo.

Ella se puso en guardia, pensando quizás que le preguntaría algo referente a lo que acababa de suceder entre nosotros.

— ¿Su hermana tenía un lunar con forma de corazón, en la parte posterior del muslo derecho?

—¿Por qué me pregunta eso?

Marta se irguió en su asiento. Su instinto le decía que esa pregunta vendría seguida de una mala noticia. El nerviosismo era palpable en lo pálido de su cara y en sus manos, que retorcían el bolso de mano, torturándolo inútilmente.

—¿Por qué me lo pregunta? —repitió alzando la voz dos tonos.

—Uno de los cuerpos que me mostraron en la policía, tiene una marca así.

Otro aguacero de llanto brotó al instante de sus ojos. La noticia le hizo pararse de la silla, amenazando con caerse, doblándose de dolor y pena. Pude sostenerla en su ataque de rabia, pero ella me rechazó dos o tres veces para luego dejarse abrazar, escondiendo el rostro en mi pecho. Sollozó durante un buen rato.

Luego logré que se sentara en lo que preparé un té bien fuerte. Le di la taza y dos aspirinas, ella las bebió y me agradeció con la mirada. Ya su pañuelo estaba inservible, así que busqué algunos de los míos y se los brindé.

— ¿Está seguro que... que es... ella?

—Bastante seguro. El informe del forense lo describe exactamente como luce en la foto.

Le mostré la foto de su hermana y el lunar en un círculo pintado por mí, resaltando la marca en el reflejo del cristal.

Marta se levantó y se acercó a la ventana, la abrió y el aire fresco pareció devolverle la vida, que se le había escapado junto con el llanto. Respiró llenando los pulmones y exhalando suavemente dos o tres veces. Sin voltearse me cuestionó.

— ¿Lo sabías anoche, cuando estábamos en la cama? Sí... claro que sí.

No me atreví a defenderme, no sabría cómo. Era cierto lo que decía y ahora, después que toda la pasión había pasado, me sentía sucio y bajo. Ella pareció leer en mi persona la vergüenza que sentía y se aproximó a mí.

—Descuida. -Me dijo con un tono comprensivo, — no habrías hecho nada diciéndomelo anoche. Además, la culpable de todo fui yo.

Es un vicio enfermizo que tengo; venía con una idea en la mente y... la puerta estaba abierta...

Le detuve poniendo mi dedo sobre sus labios. Ella todavía se estremecía y su voz era titilante; aún estaba en shock.

— Aquí nadie es culpable. Ahora tenemos que hablar de lo que vamos a hacer a continuación, porque tengo algún que otro sospechoso y necesito tu aprobación para seguir investigando.
— ¡No quiero que investigues! Quiero que mates al hijo de puta que le hizo eso a mi hermana. Te pagaré lo que me pidas.
— Lo haría gratis. Ese no es el punto.
—¿Y cuál es el punto?
—Que yo no soy un asesino. Si sigo investigando es para llevar al culpable ante la justicia y hacer que pague por lo que hizo. Si no logro conseguir pruebas y me convenzo de haber encontrado a la persona correcta, entonces lo pagará con su vida.
— Y si no te convence, ¿quién paga por su vida?
— Tu hermana ya no está. Nada ni nadie va a poder revivirla. Aunque mates un millón de personas, nada va a mitigar ese dolor que ahora sientes.
— ¿Quieres decir que siempre tendré esta sensación de vacío? —dijo mientras se oprimía el pecho con ambas manos.
— No, pero el tiempo es el único que calma un dolor así, no la venganza. A menudo no se va nunca, solo aprendes a vivir con él y sigues adelante, sepultándolo bajo toneladas de recuerdos. Hasta que algún día, algo o alguien te trae de vuelta ese dolor que creías olvidado y te sientes culpable por no llorar tanto como antes. Entonces la recordarás con cariño y no con la furia que sientes ahora y sabrás que lo superaste sin haberla olvidado.
Un silencio largo y un poco incómodo se instaló entre los dos. Un silencio que ella rompió, después de ver que mis ojos se humedecían en los recuerdos de un pasado muy pasado, donde se mezclaban los rostros y las voces en una madeja difícil de desentrañar desde la distancia.
— Tú también perdiste a alguien muy querido, ¿verdad?
Nos abrazamos y la lucha por el dominio y el poder se disolvió. Éramos dos seres a quienes les faltaba algo, dos seres unidos por el mismo dolor, uno más reciente que el otro, pero dolores idénticos; dolores que no se

borrarían nunca, como un tatuaje en la carne, recordándonos de vez en vez, que éramos heridos en la guerra de la vida y que nuestras heridas sangraban, dejando un rastro tras nuestros pasos. No importa lo lejos que anduviésemos, siempre veríamos nuestras huellas.

Al medio día nos bañamos y yo bajé a buscar algo de almuerzo. Ella se puso una de mis camisas, recién llegadas de la lavandería y comimos sentados en la cama.

Me esforcé por hacerle más llevadero su dolor y hasta le arranqué alguna que otra sonrisa triste, pero sonrisa al fin. No quise decirle nada del cuñado y de mis sospechas hacia él, no quería añadir más leña al fuego de su dolor.

Mejor se lo decía cuando tuviese alguna prueba sólida en mis manos y así le daba unos días para asimilar el golpe. Me dijo que estaría sola dos semanas, porque su esposo estaba en Francia por cuestiones de trabajo.

Sin llamar mucho su atención, le saqué toda la información posible sobre sus hermanas. Me contó entre llanto y llanto que Gloria tuvo un novio abogado que después se hizo político, pero surgió un problema en la familia que rompió la relación y ella se desmoronó.

La gota que colmó la copa fue la muerte de su padre a manos de la tuberculosis. Se fueron del campo para La Habana a probar suerte, la cual ella encontró en la figura de un comerciante de obras de arte y especies, que conoció en un baile dado en la embajada francesa. Gloria no tuvo la misma suerte y terminó prostituyéndose, cosa que no le molestaba mucho y hasta decía que en ocasiones lo disfrutaba.

Al averiguar sobre la tercera hermana, pude saber que consiguió un matrimonio ventajoso y que era de las tres, la menos alegre. Con habilidad y preguntas indirectas, hice que me dijera el nombre de su cuñado...

Era Leopoldo Morales, por suerte las iniciales coincidían a la perfección. Eso me confirmó por completo los datos obtenidos en el restaurante.

No profundicé mucho porque no quería que sospechara nada, ya me había enseñado que no era tonta.

Si yo le dijera toda la verdad y lo que pensaba del senador, sería capaz de cometer una imprudencia y entre otras cosas poner en peligro su vida, la mía y la investigación.

Había escuchado de este señor en alguna parte, no era de los que le gustaba la publicidad y resolvía los problemas usando sus contactos y relaciones políticas, sin usar la violencia, lo cual era sumamente favorable para mí. Quizás podríamos salir sin una bala en la cabeza después de todo. Me dio más dinero que acepté a regañadientes y se fue, dejando tras de sí el inequívoco aroma de violetas, que no se iría nunca de mi apartamento. Años después lo seguiría oliendo con la misma claridad de aquel día.

La próxima vez que la viera, la confrontaría con las verdades que ya sabía, para ver cuál era el alcance del señor senador entre estas muchachas del campo, que como pálidas aves, emigraron en busca de un mejor futuro y han terminado arruinando sus vidas. Dos de ellas enredadas en matrimonios sin amor y otra perdiendo la vida a manos del hombre que amaba. Seguramente este no era el futuro que soñaron cuando emprendieron el viaje.

Capítulo XII
La rival, pagaría con su vida

El tío de Caridad esperó toda la mañana a las afueras de la casa del senador, en la parte trasera de un auto alquilado. El chofer dormía plácidamente, cuando el Chevrolet negro salió del garaje y dobló en la esquina.

Abelardo lo despertó, zarandeándolo por el hombro desde atrás. Dio un salto y arrancó el motor, que rugió como una fiera deseosa de caza. Lo persiguió implacablemente por las avenidas de la ciudad hasta el parqueo del Capitolio, donde residía el cuerpo legislativo de la república, dividido en las dos cámaras del congreso.

Leopoldo subió los cincuenta y cinco peldaños de granito de la escalinata principal sin agotarse. Miró con respeto las colosales estatuas de La virtud y El trabajo, hechas en bronce por Ángelo Zanelli de seis metros y medio de alto, que flanquean la entrada del palacio, donde doce columnas jónicas, también de granito, custodian las enormes puertas de caoba, adornadas con pasajes tallados en ellas y herrerías de bronce pulido. Al momento de llegar a la cima, ya estaban abiertas.

Penetró saludando a todos los conocidos y los que no. Caminó sobre el bello piso que brillaba como un espejo, compuesto por cincuenta y ocho variedades de mármol. Se encontró cara a cara con La República, la más monumental y bella de las esculturas y dobló al sur sin llegar a pasar sobre el diamante de veinticinco quilates incrustado en el piso, otrora perteneciente al último zar de Rusia, Nicolás II. Cruzó el Salón de los pasos perdidos y se dirigió al senado, donde lo esperaban sus colegas para un día más de trabajo.

Mientras tanto, en las afueras del enorme Capitolio, el tío de Caridad aguardaba pacientemente a que el esposo de su sobrina saliera, para proseguir con su persecución furtiva.

Pasaron cuatro horas, pero la espera valió la pena. El auto del senador fue directo a la calle donde vivía Gloria. Se aparcó en la desembocadura de un callejón y el chofer se bajó, dejando al senador en el auto y yendo a alguna entrada posterior del edificio. A los cinco minutos regresó y le abrió la puerta, Leopoldo salió y repitió el camino ya transitado por el empleado, quien lo acompañaba a cierta distancia.

El chofer regresó solo, puso el motor en movimiento y se largó, tomando a la derecha en la esquina y desapareciendo del paisaje.

Al principio, no supo ubicar el apartamento al cual había ido el senador, pero a las dos horas de permanecer allí, la suerte le sonrió.

Vio cómo su objetivo se asomaba al balcón sin camisa y fumando un Habano, que despedía más humo que un incendio forestal. Estiró el cuerpo y tomó una gran bocanada de aire con un bostezo, sonrió satisfecho de la vida y entró, aparentemente atraído por el llamado de la mujer.

La espera se hizo larga y plomiza. Lo único que lo mantenía alerta era la promesa del dinero y las seis tazas de café que se había tomado.

El auto del senador apareció dando la vuelta en la esquina y parqueó exactamente en el mismo lugar donde lo hizo cuando lo trajo. El conductor siguió a pie el rumbo recorrido horas antes.

Demoraron otros veinte minutos en salir, el chofer primero y luego su jefe. El chofer iba con lentes oscuros y observando para todos los lugares, como si temiese que alguien les disparara. El político iba más despacio, sin prisa y concentrado en sus pasos, reflexionando sobre algún asunto muy apremiante.

Llegó al auto que le esperaba con la puerta abierta y se introdujo en él. El chofer la cerró teniendo cuidado y se sentó al volante. Arrancó y el Chevrolet se deslizó suavemente hasta dejar el callejón, luego cambió la marcha y desapareció con un rugido.

El tío de Caridad esperó alrededor de una hora. Compró un bello ramo de flores y se presentó en el edificio.

— ¡Buenos días! —le dijo al encargado, que leía un periódico recostando la silla a la pared y levantando los pies sobre otra.

El hombre hizo un ademán por levantarse, pero al darse cuenta, por la facha del visitante, que no aportaría ninguna ganancia, siguió como estaba; solo dejó de leer, poniendo el periódico sobre los muslos y sonriendo con la cara más aburrida que pudo poner.

— Buenos días —respondió sin muchas ganas, mirando el ramo de flores.

— ¿Qué se le ofrece, amigo?

— Verá, un señor muy elegante me pagó para que entregase estas hermosas flores a una dama que vive aquí. Recordé la dirección porque no vivo muy lejos, pero olvidé el nombre de la señora...

El casero levantaba las cejas en señal de impaciencia. Fuera cual fuera el encargo, estaba decidido a no dejarlo pasar sin que pagara, aunque sea un peso. La incomodidad de interrumpir su lectura tenía un precio.

El hombre con el ramo de flores en la mano, al ver que su interlocutor no reaccionaba prosiguió.

— Parece ser un hombre adinerado y si no lo complazco puede que pierda un futuro cliente. ¿Usted me entiende?

— Lo entiendo sí, lo entiendo. El problema es que no estoy autorizado a dejar pasar a nadie y mucho menos a vendedores callejeros.

—No soy ningún vendedor callejero. Si me quisiera hacer el favor yo le pagaría. Mire, aquí tiene cincuenta centavos.

— ¡Ja, ja, ja! ¡No me haga reír, un ramo así cuesta como menos cinco pesos! ¿Dónde está su sentido de camaradería comercial? Por cincuenta centavos no dejo ni de leer el periódico.

El tío de Caridad ya deseaba estrangular al gusano detrás del buró. Buscó en tres de sus bolsillos, hasta que encontró otros cincuenta centavos más.

Tendría que regresar a pie hasta el solar, pero ya había gastado mucho en la misión para dejarla a medias.

—Tome otros cincuenta y confórmese con eso, porque no tengo más.

El casero vio al supuesto florista buscar en sus bolsillos desesperadamente, así que se convenció de que eran sus últimos centavos. Orgulloso de su poder de deducción y de su capacidad de regateo, se relajó y se dispuso a ayudar al pobre hombre.

— Está bien. ¿Cómo es la chica a la que le mandaron las flores?

— No lo sé —dijo el sujeto encogiéndose de hombros, — el señor es alto, con las patillas y el bigote blancos y maneja un Chevrolet negro.

—¡Ah, sí, el canoso de la 102! ¡Pero si no hace dos horas que salió de aquí! Por eso las mujeres se creen que pueden hacer con uno lo que quieran. Siempre hay alguien que las trata como si fueran lo único que existe en el mundo, no importa si son reinas o prostitutas.

— ¿Por qué, la chica es prostituta?

— ¡Con nombre artístico y todo, le dicen Duquesa! Y vaya que es hermosa, pero es puta y como puta, no vale la pena gastar en flores.

— Y bien. ¿Puedo pasar a llevarle las flores?

— No, amigo mío. Aun así, nadie puede subir. Si usted me las deja aquí yo le doy mi palabra de que se las haré llegar lo antes posible.

El hombre aceptó, de todas maneras, ya tenía lo que le interesaba. La mujer que quería ubicar Caridad vivía en el 102. No perdería más tiempo, puso las flores sobre el buró de madera y se marchó sin despedirse. Necesitaba un poco de alcohol para celebrar.

A la mañana siguiente se presentó en casa de su sobrina. Esperó a que saliera el auto del senador y le dio la vuelta a la manzana para llamar a la puerta trasera de la casa.

Después de unos minutos se decidió a tocar de nuevo y vio la puerta de la cocina abrirse y salir por ella a Caridad.

Al principio no la reconoció, porque traía un vestido fresco y sencillo, cubierto por un delantal de florecitas violetas amarrado a la espalda y un pañuelo también violeta recogiéndole el cabello.

Caminó rápidamente hacia la cerca, cubierta de plantas de Mar Pacífico, que separaba la propiedad de la acera y en la que se dibujaba una entrada pequeña, enmarcada por un arco de enredaderas desde arriba hasta abajo. Miró entre las plantas para cerciorarse que era realmente su tío y abrió con una llavecita la puerta metálica, que poco o nada se usaba, pues la sirvienta, cuando venía, entraba por la puerta principal.

No obstante abrirla, no dejó al tío entrar en el patio. Se interpuso en todo el espacio que la puerta dejaba sin protección y miró con desconfianza al tío, pensando que era muy pronto para haber cumplido con la misión y presumiendo que quería pedir más dinero antes de terminar el encargo.

— No me mires así, querida sobrina. Tu tío es un hombre pobre, pero cumple con su palabra como el que más. Hablando de pobres, pareces una sirvienta con esa facha. ¿Es que se te acabó el dinero?

—¡Ese no es tu problema! Ahora dime para qué vienes, estoy ocupada en las cosas de la casa.

— ¡Guau! Qué sequedad de parte de una sobrina. Deberías ser más dulce con el único tío que tienes, si tus padres vivieran...

— Si mis padres vivieran no tendría que tratar con gentes como tú, queridísimo y amoroso tío. ¿Tienes algo para mí o me vas a hacer perder más tiempo?

Un poco disgustado por el frío recibimiento, le alcanzó un papelito que Caridad tomó enseguida y lo leyó.

— ¿Estás seguro de esto? Es un barrio sin categoría. ¿Qué tipo de mujer consiguió en esa pocilga?

Caridad no apartaba, sorprendida, la vista del papel. Mientras su alteración se hacía más palpable para el tío, que veía amenazada su paga si no esgrimía más argumentos.

— Todo parece indicar que se trata de una prostituta de la cual se enamoró perdidamente y a la que visita casi todos los días.

— ¡Es imposible! —gritó, presa de la mayor perturbación.

— ¿Cómo se llama esa perra? —le exigió al tío, cogiéndolo por la camisa y zarandeándolo como a un maniquí.

—¡No lo sé! Solo me dieron su nombre profesional. Se hace llamar Duquesa por sus clientes, nada más, lo juro.

Caridad soltó al sorprendido tío, metió la mano en un bolsillo que tenía el delantal y le lanzó un pequeño rollo de dinero que vino a darle al tío en la frente, haciendo que este se lamentara y cayera de rodillas, persiguiendo el fajo que se le escapaba rodando por la acera.

Lo alcanzó y cuando se volvía para reprochar a la sobrina, esta ya había cerrado la puertecita y se dirigía corriendo a la casa. Refunfuñando contó el dinero, alejándose del lugar.

En la casa todo fue distinto. Caridad perdió la compostura por completo. Arremetió contra los calderos de la cocina, haciendo un ruido espantoso. Lanzó toda la vajilla de porcelana contra las paredes, cuanto objeto podía ser usado como proyectil lo envió en un viaje sin retorno, estrellándolo en el piso.

Cuando hubo calmado su ira, haciendo perder la forma a cuanta materia estuviese a su alcance, Caridad se bañó y se vistió. Pidió un taxi y le dio el papel con la dirección al conductor, un hombre de unos treinta o treinta y dos años, a todas luces con mucha calle.

Hacía mucho tiempo que no fumaba, pero unas ganas enormes de llevarse un cigarrillo a los labios le hicieron bajarse del taxi y comprar una cajetilla. Luego continuó sin detenerse, hasta llegar a la dirección que le había dado al conductor.

—¿Está seguro de que esta es la dirección?

—Sí, señora. El edificio es ese, el pintado de azul.

Caridad le ordenó que la esperara sin importar cuánto se demorara y salió con el ímpetu de una conquistadora, dispuesta a recuperar a su hombre.

Antes de cruzar la calle casi le da un infarto al ver el auto de su esposo pasar frente al edificio. Volvió corriendo al taxi, temerosa de ser vista por él.

Esperó por unos minutos y el Chevrolet negro pasó otra vez en sentido contrario, solo con el chofer. Caridad no sabía qué hacer, el nerviosismo no le dejaba pensar con claridad.

—Lo mejor que hace es esperar aquí, si lo desea puede fumar, solo tenga cuidado de no quemar los asientos. Si no le importa iré a comer algo aquí al frente, donde trabajan unos amigos míos.

El rostro del joven chofer llamó la atención de Caridad por primera vez. Había seguido todos los pasos del drama y adivinado el porqué de la extraña actitud de la señora. Ya estaba abriendo la puerta cuando Caridad le sujetó.

— ¿Le puede hacer una pregunta a sus amigos por mí, pero que pareciera de parte suya?

— Claro, cualquier cosa.

— Pregúnteles si... si conocen a una tal Condesa que vive en ese edificio, ella creo que es... una mujer de la vida... ¿Entiende lo que quiero decir?

— No se preocupe, espere unos minutos que enseguida regreso —dijo y salió, visiblemente entusiasmado por el chisme y por la propina que seguro ganaría.

Caridad se arrepintió enseguida de haber venido. Ahora quedaba vigilar el edificio por si a su esposo se le ocurría aparecer. Tenía la seguridad de que estaba con ella, aunque no sabía dónde y no se podía arriesgar a entrar sin que Leopoldo la viera. Después de media caja de cigarros regresó el taxista. Se acomodó tras el volante y habló con su clienta, mirándola por el espejo retrovisor frente a él.

— La condesa de la que me habló vive efectivamente en ese edificio, pero dicen que dejó su antiguo trabajo. Ahora la visita un solo cliente muy adinerado. Mis amigos conocen al encargado de allí y hablan mucho cuando beben.

— Tome y gracias —le dijo Caridad, dándole un billete de diez pesos.

— No, señora. Gracias a usted. La verdad es que no entiendo, si me perdona el atrevimiento, cómo alguien puede engañar a una mujer tan

hermosa como usted con una prostituta. Si me pregunta, merece que le haga lo mismo... o algo peor.
Sí que era un atrevimiento; en cambio ella recibió el comentario como un cumplido. Era solamente un chofer, pero también era un hombre y un hombre bien plantado. No muy alto, compensaba eso con una buena musculatura, juventud, brazos fuertes y un cuello ancho. Su rostro no era hermoso y sí masculino; con una barba tupida de dos días y el mentón cuadrado.
— Tengo que pagarle por su trabajo —le dijo Caridad, al darse cuenta que no le quitaba la mirada.
— No se preocupe, al final del día le digo cuánto es.
— De acuerdo —le respondió y volvió a clavar la mirada en el edificio.
Al cabo de un rato, Caridad dio un salto en su asiento e incrustó la cara contra el cristal de la ventana. En el pequeño balcón del segundo piso, un hombre sin camisa se fumaba un tabaco. Era su esposo sin lugar a dudas...
Una mujer de cabello rubio, aparentemente desnuda, se le acercó por detrás y le abrazó por la cintura, haciéndolo tambalear y tumbándole el Habano de la boca. Él se rio a carcajadas y se volteó, le descorrió el cabello que le tapaba el rostro y le besó apasionadamente. Ella se desprendió del abrazo y lo atrajo al interior de la habitación.
Caridad lloraba, apoyando la frente al cristal y cubriéndose los ojos con las manos.
— ¿Quiere que vaya y lo saque del apartamento a patadas?
El joven parecía realmente enojado. Caridad le miró, como si lo viera por primera vez y luego de cobrar conciencia de dónde estaba, le ordenó ir para su casa y el taxi arrancó.
A mitad de camino ya no lloraba. Su mirada se había aclarado y endurecido, incluso conversó con el chofer de cosas triviales como el clima, sus ganancias detrás del volante y sobre su familia.
Al llegar, Caridad le invitó a un café, por las atenciones que había tenido con ella.

Pasaron hasta la cocina y le coló una taza de café bien fuerte y se retiró a la alcoba. Cuando el joven ya terminaba su bebida, Caridad se apareció en la cocina, totalmente desnuda...

El joven se puso de pie de un salto, sorprendido por tal aparición, derribando la silla sobre la cual estaba sentado y derramando el café que le quedaba sobre el mantel de la mesa.

Caridad respiraba profunda y rápidamente, con el hermoso pecho subiendo y bajando al loco compás de la respiración. El joven no podía quitarle la vista a aquel monumento a la belleza. Con el cabello recogido y vestida con tantos pliegues y visos, no llamaba tanto la atención, pero ahora era una diosa, modelando para un cuadro de Goya.

Cuando la sorpresa del joven pasó, fue al encuentro de la mujer que le esperaba ardiendo de deseo... o de venganza.

Nunca le había sido infiel a su esposo, nunca le importó tampoco, pero desde que llegó a la casa con ese joven fuerte y lleno de vida, algo en su estómago se revolvía sin cesar.

Fue al cuarto después de darle el café, se desnudó para cambiarse de ropa y se descubrió completamente lubricada en sus partes íntimas. Era una locura, pero se le presentó desnuda al joven y este no la decepcionó. Le hizo el amor con toda la fuerza y vigor de sus años. No tenía mucha experiencia, pero ella no lo notó, porque entre orgasmo y orgasmo, el chico no necesitó recuperarse y ella se encontraba muy perturbada para darse cuenta.

Sabía que su marido no volvería hasta después de las diez de la noche en el mejor de los casos y aunque aún no tenía conciencia plena de ello, necesitaba dar este paso para poder seguir adelante.

Necesitaba ser la misma guajira despiadada y sin remordimientos, la misma de aquel día que se adelantó en el camino real del batey y traicionó a la hermana con su prometido.

Necesitaba dejar atrás la costumbre instalada de ser fiel al marido, necesitaba acostumbrarse a la idea de que debía luchar a muerte por su vida y eso precisaba no tener lazos morales, no tener anclas internas que le hiciesen dudar. En fin, no tener alma.

Esa tarde dejó en la cama la poca o la mucha conciencia que le quedaba. Estaba lista para tomar venganza y no era contra su marido.

La venganza contra él sería diferente, la venganza contra él ya había comenzado y continuaría con todos y cada uno de los amigos del senador. Todos los que le propusieron verse en privado, incluso atreviéndose a proponerle orgías con sus mujeres.

Pero ahora esa venganza tendría que esperar, ahora tenía que salvar su matrimonio y volver a poner las cosas en su lugar. Regresar a la normalidad de la rutina hogareña, permitir las pequeñas escapadas esporádicas e inofensivas del marido. Esperar el seguro regreso del hombre a la casa a la hora de la cena, prepararle el baño y limpiar las marcas de los lápices labiales baratos.

Volver a ser la doña de la casa, la mujer que lleva de la mano a los eventos y cenas de negocios y para que todo eso volviera a pasar, la amante de su esposo tendría que desaparecer. También podría pagarle a la puta todo el dinero que tenía para que se fuera y tal vez diera resultado, aunque existía la posibilidad muy real de que no cumpliera con la promesa y regresara por más.

Lo mejor era borrarla de la ecuación y encargarse de que Leopoldo lo supiera, para que se enterara que con ella no se jugaba.

La venganza sería total, arrasadora. Tenía que borrar para siempre esa amenaza en forma de prostituta.

Aunque le costara todos los ahorros de su vida, esa puta barata con suerte iba a sufrir el embate de su furia.

Tendrá que morir, decidió en medio del mejor y más largo de los tres orgasmos que tuvo con aquel joven, dueño de una fuerza descomunal.

Capítulo XIII
El encuentro con Leopoldo Morales

Tenía la duda de abordar al senador en su casa o en su trabajo. Me decidí por su casa. En el trabajo tendría inmunidad moral, además sería casi imposible flanquear las puertas del senado. Podía trazar una estrategia de interrogación, pero preferí presentarme e improvisar sobre la marcha. Me vestí con mi mejor ropa y me encaminé a la dirección que me dio una amiga mía que trabajaba como secretaria de la fiscal general; claro que me costó, pero a esas alturas ya sabía que el dinero no iba a ser un problema para mi investigación. Llegué como a las cinco de la tarde y toqué el timbre de la casa, distanciado de esta por una bonita verja, fácilmente sorteable que circunvalaba la casa. Volví a tocar ante la ausencia de respuesta y tuve mejor suerte. Una señora sumamente hermosa abrió la puerta de la casa y vino a mi encuentro.

Sabía que la esposa del senador era gemela con la difunta, pero no estaba preparado para ver un fantasma. A fuerza de mirar el retrato de Gloria, ya era para mí una persona real que había conocido en algún momento de mi vida y que había dejado de ver hacía muchos años. La impresión que dejó en mi espíritu me perturbó por unos segundos.

— Buenas tardes —me dijo viendo que no saludaba y solo la miraba de manera poco natural.

— Buenas tardes —conseguí articular.

Le quité la vista por un momento y puse mis ideas en orden.

— Vengo para ver al senador Morales.

— Lo siento, él no se encuentra. Además, en casa no recibe visitas.

— Disculpe mi insistencia. Sucede que el asunto que me trae es muy delicado y personal para tratarlo en las oficinas del señor senador. La hermosa mujer frunció el ceño, extrañada de mi excusa. Enseguida se puso a la defensiva dando un paso hacia atrás y cruzando los brazos.

—De todas maneras, no puedo ayudarlo. No sé cuándo vendrá a la casa y no puedo dejarlo pasar, estoy sola y no le conozco.

— ¿Puedo dejarle un número telefónico?

— Sí, yo se lo haré llegar, no se preocupe.

Le extendí mi tarjeta. Al rozar sus dedos con los míos los sentí helados.

— ¿Un investigador... es policía?

— No, señora. Solo necesito hacerle unas preguntas, es todo. Dígale que me llame, por favor. Lo antes posible.

Me retiré, dejando a la hermana de Gloria como una estatua griega en medio del jardín. En su rostro podía verse un miedo inexplicable, a no ser que tuviese conocimiento del homicidio. En ese caso sí tendría motivo para estar nerviosa.

Quizás me equivoqué y el eslabón que debía haber atacado era la esposa y no el marido. Asumí que ella no debería saber nada de la aventura del senador y que era solo otra víctima, ahora no estaba muy seguro.

Las personas inocentes no sienten miedo por la mera presencia de un investigador desconocido y sin placa. Ella ocultaba algo, aunque bien podría tratarse de cualquier otra cosa, como negocios sucios, corrupción o vaya usted a saber.

Ahora tendría que esperar y tener la suerte de que el senador me llamara. No podía invadir su casa o el senado para interrogarlo como a un criminal de guerra, sin arriesgarme a que me cosieran a balazos.

Debía tener paciencia y esperar por él. Llegué con mucha hambre a mi casa, mas al abrir la puerta desapareció.

Marta esperaba en mi cama. Se había amarrado las manos a la cabecera de madera. Parece que esta chica tenía algún tipo de fetiche con las cuerdas y pañuelos de seda.

Una sábana la cubría hasta las axilas y debajo de la tela se notaba claramente que no usaba ningún tipo de ropa. Mantenía la cara oculta debajo de uno de sus brazos. Por la respiración y por la marca de sus pezones se podía saber que estaba excitada. Su pierna derecha, ligeramente más arriba que la izquierda y su espalda un poco arqueada, le daban un aire exótico.

Caminé hacia ella y tomé la sábana por una esquina. La deslicé suavemente, como si temiera despertarla. Se fue descubriendo pulgada a pulgada cada pedazo de su cuerpo. Primero fueron sus senos, hinchados y firmes, el roce de la sábana los endureció todavía más, amenazando con rasgar la tela.

Luego su abdomen, enmarcado por dos hileras de costillas que apenas se notaban. Un sendero de fino y amarillo bello conducía directamente a su redondo, limpio y perfecto ombligo. Después la figura se ensanchaba al llegar a las caderas, dando paso a unas piernas perfectamente formadas y apretadas en un falso gesto de timidez, que por falso no era menos atractivo.

Esta vez se ofrecía como sumisa en lugar de dominante, cambiando los papeles a jugar me daba la oportunidad de redimirme y no pensaba dejarla pasar.

Tenía que decirle un montón de cosas, cosas que no sabía cómo las iba a tomar, pero la verdad era que en ese momento no recordaba ninguna. Podría sumergirme en aquella experiencia y extenderme por horas y horas hasta desaparecer en el espacio de otro mundo paralelo.

Podía incluso morir en esa cama, sin darme cuenta hasta que llegara al cielo... o al infierno.

Quería pedirle que se casara conmigo, que viviera conmigo, que yo la adoraría hasta el final de mis días, pero ambos sabíamos que cuando se terminara la investigación y el esposo regresara de Francia, todo volvería a ser como era antes y yo seguramente sufriría. Sobre todo, porque después de probar lo que es vivir en el paraíso, regresar a la tierra sería un golpe devastador.

Me desperté a las cinco de la mañana. Por suerte ella seguía durmiendo, casi sobre mí. Sostuve la respiración para no turbar su sueño y de paso deleitarme con su belleza. Casi muero por asfixia, pero valió la pena.

Su cabello parecía una explosión de oro puro, que se derramaba sobre su rostro y espalda, los últimos rayos de luna que se filtraban por la ventana a medio abrir, iluminaban el contorno de su figura, que resaltaba con una blancura fantasmal, casi brillante.

El frío de la madrugada le hacía inconscientemente acurrucarse a mí, transmitiéndome el calor de su piel. El corazón le palpitaba suavemente, aletargado por la fatiga y el sueño.

Mis ojos creyeron ver que le nacían un par de alas blancas en su desnuda espalda y nos cubría por completo con plumas de seda.

Me encontraba en esa extraña frontera donde se mezclan los sueños con la realidad, impidiendo discernir lo fantástico de la materia, cuando el timbre del teléfono rasgó en dos el velo de mis visiones, provocando en Marta un breve sobresalto que la despertó.

Extendí enojado el brazo y sin separarla de mí, tomé el teléfono. Mientras respondía a la primera persona que iba a asesinar en mi vida, ella se recostó nuevamente en mi pecho y cerró los ojos, sacó sus brazos de debajo de ella y rodeó mi cuerpo, ronroneando como una gatita.

— Antonio Alcaraz al habla.

— Soy el senador Morales. Dígame qué puedo hacer por usted.

Me había cogido completamente desprevenido, mental y físicamente. La única salida que se me ocurrió fue pedirle una entrevista en un lugar público para hablar en persona sobre un asunto delicado que le concernía.

— ¿Sabe cuántas veces me dicen eso por teléfono para luego hacerme perder el tiempo? Si no tiene algo más que decirme no me moleste nuevamente, por favor.

— Es sobre su cuñada. ¿O debería decir su...?

Alargué a propósito el suspenso a la pregunta para darle tiempo a pensar, si lo hacía rápido podría evitar que dijera "amante" por teléfono y no me decepcionó.

— ¿Conoce un restaurante llamado La Estrella de Oro en la calle Monte?

— No, pero lo encontraré, soy bueno encontrando cosas.
— Ocho de la noche, no llegue tarde. No tengo mucho tiempo.
Colgó antes de poder reclamarle el haberme roto la bella visión que tenía. Pensé que seguramente lo haría en otra ocasión, nadie debería quedar impune ante tal delito.
— No me digas que el del teléfono era el esposo de Caridad —dijo Marta, sin levantar su cabeza de mi pecho.
— Por desgracia era él. Es la noticia que tengo que darte, es mi principal sospechoso.
Marta recogió sus brazos y cubrió su rostro con las manos. Su cuerpo comenzó a temblar con ligeros sollozos, que la estremecían como pequeños terremotos, cuyo epicentro era su pecho. Le cubrí la espalda con la sábana y la abracé suave y firmemente. Así estuvo por varios minutos, hasta que gradualmente se fue calmando.
La lluvia de sus ojos me perforaba como gotas de plomo derretido. Si alguna vez me topaba con el que la había hecho sufrir tanto, era muy seguro que mi Luger volviese a matar.
— Voy a darme una ducha.
— Tengo que poner el calentador de gas —dije dispuesto a pararme, pero ella me detuvo.
— Quédate en la cama un rato más, prefiero el agua fría.
Se levantó cubriéndose con una toalla y entró en el baño. La mujer de hoy me gustaba más que la de la primera vez, si eso era posible.
Escuché el agua caer y el sonido de la cortina al deslizarse. Cogí el teléfono y llamé a la fonda que estaba en los bajos del edificio y les pedí que me subieran dos desayunos completos. Ellos aceptaron y colgué. Cuando llegó el pedido, ya Marta había cerrado la ducha en el baño. Le pagué al chico y puse la comida en la misma bandeja que ella utilizara días atrás.
Marta salió vestida con una toalla húmeda que le cubría los pechos y casi todo el torso, las piernas quedaban descubiertas por completo. Miró el desayuno y me devolvió una sonrisa de agradecimiento.

— La próxima no voy a quedarme a dormir. Cada vez que despierto en esa cama me esperan malas noticias.
— Si me lo pides, la próxima no te dejo dormir —traté de animarla con un chiste.
— Mejor no te respondo —me dijo con una sonrisa extraña, mezcla de alegría y de tristeza, mientras se tomaba un vaso de jugo de guayaba.
Ni ella ni el ambiente estaban para bromas. Después de desayunar le conté todo lo que había hecho con respecto a la investigación, convenciéndola de que dejara todo el asunto en mis manos.
Me pidió que me cuidara, que la mantuviera al tanto de los acontecimientos y prometió que volvería al día siguiente. Desapareció como un suspiro, esos que son el preludio de la nostalgia.
Me pasé todo el día haciendo cosas en el apartamento, que ya estaba tomando forma de refugio para desvalidos. Limpié, mandé toda la ropa a la tintorería, desempolvé los muebles y ordené mis cosas. Al terminar bajé a almorzar y luego leí un poco a mi buen amigo Poe, al cual decepcioné nuevamente, al no poder descubrir al asesino de Marie Roger.
Yo también me molesté y decidí dormir para recuperar fuerzas, aunque me sentía invencible. Dormí unas tres horas y me levanté un poco lento, me bañé y volví a ser el mismo de siempre.
Bajé a la calle y tomé el primer taxi que vi para dirigirme al restaurante. Algo raro me pasaba. Por el camino estuve de buen humor, me reí de los malos chistes del taxista, canté un par de canciones y le dejé propina. Si seguía así me arruinaría o me mataría el más inepto de los matones.
A unos metros del restaurante, en la acera del frente, había un lindo y pequeño parque, protegido por dos enormes árboles de flamboyán que le daban cobija a las parejitas de enamorados que conversaban bajo ellos, mientras sus pequeñas flores caían suavemente como copos de nieve naranja. En uno de esos bancos de metal y madera me senté a esperar al senador.

Desde allí se podía ver con claridad toda la acera y la entrada del restaurante.
Todavía faltaba media hora para la cita, pero no quería tener sorpresas que me mandaran a un hospital. Faltando diez minutos para las ocho, un hombre se bajó de un Chevrolet en la esquina, se dirigió al restaurante y entró. No tenía patillas ni bigotes por lo que no debía ser el senador. Esperé un poco más y viendo que ningún otro candidato llegaba me paré y fui lentamente al lugar, quizá hubiese entrado por la puerta trasera y me esperaba en una mesa.
Entré y me senté en la barra, en el mismo asiento que estuve la vez anterior. Hice un paneo del local y en las mesas solo había un hombre que esperaba sin consumir nada. Era el mismo que había visto entrar hacía unos minutos.
Cuando me acomodaba para ponerme de frente a la barra el cantinero me indicó que el hombre solitario me invitaba a sentarme con él.
—Me dijo que le mencionara a Gloria, que usted entendería —dijo el barman, acostumbrado a que los clientes le pidieran las cosas más raras del mundo.
Esperé unos segundos para darme importancia o para ponerlo nervioso y fui a sentarme con aquel hombre. No conocía personalmente al senador, por lo que no estaba seguro de que fuese él o alguien de su nómina.
— Buenas noches.
— Buenas —respondí—. ¿Por qué se afeitó? Le quedaba bien el mostachón.
Mi insolencia le molestó genuinamente, pero no reaccionó como si lo hubiesen cogido en un engaño, justificándose o alterándose demasiado, lo que me hizo confiar en que realmente se trataba del senador. Además, tenía ese aire que da el poder sobre los demás, algo muy difícil de imitar.
— ¿Desea beber algo? —consiguió decir, reacomodándose en su asiento.
— No, gracias. Así estoy bien.

— Bueno. ¿Qué desea saber sobre Gloria?
— Qué hizo con su cuerpo, por ejemplo. También quisiera saber, por pura curiosidad, si la mandó a matar o si la mató usted mismo, con sus suaves manos de niñita.
Toda esta provocación tenía su objetivo. Se la lancé directamente a la cara y sin preámbulos, con la esperanza de sorprenderlo, resultando que el hombre no tenía idea de lo que le estaba diciendo.
Era eso o tenía frente a mí al mejor mentiroso del mundo y haría una fortuna tanto en el gobierno como en Las Vegas, en una mesa de juegos. De todas formas, no me podía confiar, después de todo era un político.
— Perdón. ¿Qué significa eso?
— Significa que usted engañó a su esposa con su propia hermana y —le seguí presionando—, al embarazarla la eliminó de la ecuación, para salvaguardar su puesto y reputación.
— ¿Quién me dijo que era usted?
— No se lo dije, me salté esa parte. Soy un investigador al que no le pagan lo suficiente para descubrir granujas como usted, que se creen que son dioses y actúan como tales, matando y pagando para seguir haciendo su voluntad.
— Nunca he matado a nadie en mi vida y mucho menos pagado para que lo hagan. ¿De dónde usted saca esas ideas?
— Entonces explíqueme por qué dejó de ir a los brazos de su amada, precisamente desde el día que desapareció.
El señor senador se inclinó hacia atrás y me miró como si estuviese viendo a Gregorio, después de transformarse en insecto.
— Gloria no ha desaparecido. Se mudó con su hermana que vive en el campo.
— Justo después de decirle que estaba embarazada y de que usted discutiera aquí en este mismo restaurante con su mujer, la verdadera quiero decir. Me parece que es demasiada coincidencia. ¿No está de acuerdo?

Podía apostar todo mi dinero a que el hombre frente a mí me estaba ahorcando en su imaginación. Para mi sorpresa, cuando mintió acerca de la mudanza al campo, se notó fácilmente que mentía por su lenguaje corporal, lo que me llevaba a la lógica conclusión de que anteriormente no lo había hecho, al referirse a su inocencia en la muerte de Gloria.

El vaso con agua que sostenía en la mano apenas aguantaba la presión y amenazaba con quebrarse, casi lo escuchaba crujir.

Sus fosas nasales se dilataron, las venas del cuello aumentaron su grosor, la frente se le arrugó y la respiración se le aceleró como a un boxeador. Todo indicaba un ataque de ira o una demostración de sus habilidades como lanzador de vasos. Esperaba sinceramente que fuera la primera, porque a la distancia que estábamos, no creía poder esquivarlo.

Por suerte lo soltó y puso las dos manos en la mesa, echándose hacia adelante y levantándose un poco de su asiento.

— ¡Usted no sabe nada, nada! ¡No sé de dónde ha sacado esa información, pero todo es una mentira, chantajista de tercera!

— Si todo es mentira, por qué se enoja en lugar de marcharse. Ambos sabemos que no me estoy inventando nada.

El senador retornó a su asiento, alisó la bonita camisa de algodón que usaba y miró a ambos lados. Soltó aire por las narices como un toro y se tomó toda el agua que quedaba en el vaso. Ahora me dolería menos si se decidía a lanzármelo.

— Cuánto quiere su cliente para que deje en paz este asunto y se dedique a sus problemas, que a juzgar por lo atrevido que es usted, deben ser bastantes.

— Mi cliente no necesita dinero. Es el hijo de Rockefeller. De hecho, me prometió un par de pozos de petróleo si le desenmascaraba públicamente. ¿Puede usted mejorar esa oferta? Me parece que no.

— Mire, no me importa lo que haga, pero deje en paz a Gloria... y a mi esposa, por supuesto. Si quiere mi lugar en el senado a cambio de eso lo tendrá. Soy abogado, así que trabajo no me faltará. Debí suponer que

es un rival político —dijo, buscando mentalmente cuál de sus enemigos podría jugarle así de sucio.
Si algo me ha enseñado este oficio y los años de policía es a detectar cuándo alguien miente. Los sutiles gestos de la cara y el cuerpo no se pueden evitar cuando estás bajo presión. Tenía tres posibilidades. O este hombre era un excelente mentiroso o yo era muy malo en mi trabajo o estaba buscando a la persona equivocada. Cuando le dije del asesinato ni se alteró, solo se asombró de que yo pensara que Gloria estaba muerta.
Al preguntar por qué le dejó de visitar mintió descaradamente, inventando una excusa infantil con el viaje al campo, algo que yo podría averiguar fácilmente.
Le cuestioné sobre su relación con las dos hermanas y se enojó, creyendo que lo chantajeaba y al amenazarlo con destruir su carrera no le importó, salvo que dejara a Gloria tranquila y casi olvida mencionar a su mujer en el trato.
Este hombre era inocente o yo era un grandísimo imbécil, pero de que ocultaba algo o protegía a alguien, era tan cierto como que necesitaba un trago. Busqué al camarero y le hice una señal. Vino hacia mí y le pedí un cubo de ron con hielo.
— Además de todo, también es alcohólico —dijo con desprecio mi acompañante.
— Lo mejor es que lo pagará usted, porque yo no tengo un centavo hasta que me den los pozos de petróleo. Si se porta bien puede que le consiga un trabajo en mi compañía, cuando le despidan del senado.
— No sé cómo puede bromear con esas cosas.
— Porque yo no pierdo nada. De hecho gano si encuentro un culpable.
— Así que esa es la cuestión. No importa a quién arrastre siempre y cuando se destape algún escándalo. Dígale a su cliente que yo le daré mi renuncia al presidente en la mañana, con la condición que le puse. Olvide a Gloria o todo el dinero que tengo lo gastaré en hacerle la vida imposible... y a usted también.

—¿Y a su esposa? —le detuve en medio del impulso para levantarse.
— ¿Qué...?
— Dijo que olvidara a Gloria, ¿y a su esposa?
— Por supuesto que a ella también... amo a mi esposa.
— Una última pregunta y le prometo que conservará su trabajo, al menos en lo que a mi cliente le concierne.
Se dejó caer de mala gana en la cómoda silla y abrió las manos haciendo una mueca de conformidad.
— ¿Su esposa tiene un lunar detrás del muslo en forma de corazón invertido?
Mi amigo achicó los ojos, extrañado de la naturaleza de la pregunta. Procesó el alcance de su respuesta y pareció no encontrar problema en responder, aunque lo hizo con cautela.
— Más bien parece una hoja, una hoja de abedul. ¿Eso es todo?
— Sí, quédese tranquilo. Ni mi cliente ni yo tenemos la intención de que el gobierno prescinda de sus servicios. De todas formas, el que ocupe su puesto será igual o peor. Mejor malo conocido, ¿no?
— Guarde el cambio para usted —dijo despreciativamente, dejando un billete sobre la mesa y saliendo muy despacio del restaurante, como si la conversación le hubiese engordado cien libras.
El camarero trajo mi pedido, le pagué con mi dinero y me guardé el del senador. Me di un trago y lo dejé donde estaba.
Necesitaba estar claro por si esta noche decidían dispararme. Pasé al baño, probé mi arma y salí por la puerta de atrás. Caminé pegado a las paredes de los edificios por tres cuadras y paré un taxi para regresar a mi casa.

Capítulo XIV
Un acuerdo mortal

— ¿Cómo te llamas? --le preguntó Caridad mientras se vestía.
— Ernesto, a su servicio.
Le respondió él, distraído, mirando la hermosa lámpara que colgaba en medio de la habitación.
— Ahora, Ernesto, es tiempo de que te vayas, antes de que regrese mi marido y te olvides que esto ha pasado.
Caridad pasó por su lado, abrochándose el sostén sin prestarle la más mínima atención. Ernesto de un salto la atrapó por el cabello y la arrastró hacia atrás.
— ¿Qué quieres decir con eso de que me olvide?
Le gritó lanzándola a la cama y cogiéndola por el cuello. Ella era fuerte, pero el hombre le sacaba mucha ventaja. Forcejeó unos minutos hasta que sintió que el aire le faltaba y temió por su vida.
Entonces dejó de luchar y sonrió con las pocas fuerzas que le quedaban, le agarró con ambas manos la cara y lo atrajo hacia ella hasta juntar los labios. Él disminuyó la fuerza de sus dedos y se dejó llevar por el beso.
—Era solo una forma de decir. Puedes venir cuantas veces quieras.
Él se levantó y cuando Caridad se sentó en la cama la abofeteó, haciendo que cayera boca abajo en el piso.
Ernesto le rompió de un zarpazo las bragas y la penetró sin previo aviso. La violencia le había excitado, como siempre. Al terminar se vistió con ella tendida a sus pies, sin moverse.
—¡Aprende a respetar a los hombres! Yo no soy el payaso ese que está contigo. ¡Yo si soy un macho de verdad! ¿Me oíste?
Terminó de ponerse la ropa, mientras ella lo miraba sentada en el suelo, sonriéndole.
—-¿Eres tan macho como para matar a alguien?

El fornido hombre se volteó como si le hubiesen disparado. La miró fijamente por unos segundos a los ojos, tratando de adivinar si era un juego o una pregunta real.
— ¿Estás hablando en serio?
— Claro que estoy hablando en serio. Puedo pagarte mucho dinero.
— Tu marido parece un hombre importante. No será fácil ni barato.
— No estoy hablando de mi marido, idiota.
— ¿Qué me dijiste, infeliz? —amenazó golpearla con el dorso de la mano.
— ¡Si me das tendrás que violarme de nuevo!
Le puso el rostro descaradamente, ofreciéndose para ser golpeada. Él bajó el brazo sonriendo y le cogió la cara, apretándosela, haciendo que sus labios se pusieran más rojos aún y su boca se deformara.
— Si no es tu marido, entonces a quién.
— Primero dime si tienes cojones para hacerlo.
— Tengo sí y me sobran para repartir. No sería la primera vez.
— ¡Mata a la puta que está con él!
— ¡Ya, después dicen que nosotros los hombres! Así que te engañan y quieres matar a la pobre puta. ¡A ustedes no hay quién las entienda!
—Eso es asunto mío. ¿Lo vas a hacer o no? Te puedo dar dos mil pesos.
— ¿Dos mil pesos? ¿Crees que soy estúpido? Por menos de tres mil no tumbo ni a una mosca.
Caridad pensó rápidamente. Tendría que vender algunas joyas y vaciar la cuenta que tenía para emergencias, en todo caso podía llegar a los tres mil quinientos.
— De acuerdo. Que sean tres mil.
— No juegues conmigo mujer. Si hago una estupidez como esa y no me pagas todo el dinero, te mato a ti también.
— Te pagaré hasta el último centavo, te lo prometo, pero no puedes venir más aquí. No nos pueden ver juntos.
Se quedaron en silencio, mirándose como guerreros que se estudian antes de comenzar una batalla a muerte.

Apenas se conocían y aun así estaban a punto de unirse en un lazo macabro de sangre y de muerte, irrompible, aunque nunca más se vieran.

Siempre, no importa cuántos años pasen, ni la dirección que tomen sus vidas, ese vínculo los uniría hasta el fin de sus días.

Acordaron encontrarse después que se consumara el hecho y no tendrían contacto hasta entonces. Ella le dio el número de la casa y le dijo la hora en que podía llamar. También le pagó doscientos pesos, para los gastos que tuviese al dejar de trabajar por vigilar a la puta. Calcularon que en una semana todo habría terminado.

Ernesto siguió su camino y se preparó para el trabajo, por el que le pagarían una suma que nunca había tenido en su vida. Podía enderezar su torcido destino con ese dinero, podía incluso irse del país y no regresar nunca para comenzar en otro lugar.

No tenía familia, no tenía muchos amigos a los que no les debiera y esa era la oportunidad perfecta para borrar su hasta ahora inútil existencia. Así que se lo tomó muy en serio, creía en el destino y sabía que había dejado pasar varias oportunidades en su vida. No iba a dejar escapar esta.

Montó su puesto de vigilancia en el interior del taxi, estacionándolo frente al edificio por varios días, hasta que aprendió la rutina de su futura víctima de memoria.

Por el día salía para realizar compras o visitar a algunas mujeres que parecían ser sus amigas. Comía en la calle y regresaba a su apartamento. Allí esperaba la llegada de su hombre y después que él se iba no salía más. A veces se quedaba a dormir con ella, yéndose entonces por la mañana.

En todos los casos el señor, de quien Ernesto no conocía su posición social ni le importaba, entraba y salía por un callejón que desembocaba por una calle lateral. Cuando aprendió a identificar el auto, se enteraba de la visita al pasar el Chevrolet frente al edificio, para dejar o recoger al visitante.

El casero se marchaba a las nueve de la noche a jugar bingo y volvía a las once o doce, dependiendo de su suerte.

Decidió que lo haría una de esas noches, cuando el querido se fuera temprano y el desagradable portero fuera a jugar.

Lo que no pudo ver, era que dos o tres veces a la semana, el chofer del senador llamaba a Gloria para darle un mensaje.

Ella se escabullía cuidadosamente por el callejón y esperaba a su novio dos cuadras más abajo para no llamar tanto la atención y salir a comer o al cine. Al regresar lo hacía del mismo modo, lejos de la vista de su asesino, quien le creía en su apartamento.

Ernesto fijó una fecha. Sería en navidad, cuando todos estuviesen festejando y emborrachándose con mucho ir y venir de personas. Entraría por la puerta trasera. Por la posición del balcón sabía cuál era el apartamento de la puta.

Llamaría a la puerta con alguna excusa y la asesinaría de cualquier manera, preferentemente estrangulándola. Nunca había matado así, pero casi lo hace en un par de ocasiones y se sintió tan bien que deseaba terminar la experiencia.

Mientras tanto, Ernesto miraba a la mujer de lejos, cuando se asomaba al balcón o cuando recorría la acera en sus salidas diarias. No se regodeaba en la recreación mental del crimen ni disfrutaba imaginárselo, pues a pesar de no ser su primera vez, no era un asesino psicópata ni mucho menos.

Las dos veces anteriores que mató a alguien fue por un problema de supervivencia, de matar o morir.

La primera ocasión ocurrió durante un atraco que salió mal. Los dueños de la casa regresaron antes de lo previsto, porque a la señora le bajó la menstruación en medio del baile al que asistían. El hombre sucumbió a manos de su cómplice, pero la mujer, aprovechando el forcejeo que se estableció, corrió hacia la salida de la casa, gritando a pleno pulmón. Ernesto llegó a las escaleras al mismo tiempo que la mujer y la lanzó por sobre la baranda, provocando su fallecimiento instantáneo al reventársele el cráneo contra el suelo de granito blanco.

La segunda vez en que asesinó fue en la prisión, donde tuvo que luchar por su vida o mejor dicho, por su virginidad, contra un conocido delincuente y líder entre los presos que cumplían cadena perpetua.

Gracias al resultado de esa pelea, se ganó el respeto de todos en ese lugar y el sobrenombre que le acompañaría de El Mulo, por haberle dado tantas patadas a su rival que le reventó el hígado y el vaso, además de la rodilla y el rostro.

Por ninguna de las dos muertes pagó un solo día en prisión. La policía nunca atrapó a nadie en el primero de los casos y en el segundo ni se tomaron la molestia de preguntar quién los había librado de la impertinente y desagradable presencia del difunto.

Además, si condenaban todos los crímenes que se cometían en la prisión de El Príncipe tendrían que lanzar a los reclusos al mar por sobrepoblación penal, pues era uno de los centros penitenciarios más violentos que existían.

Tal vez por eso se sentía tan confiado. Pensaba que era un tipo con suerte a pesar de haber pasado por muchos problemas. Ahora se le presentaba una oportunidad de oro y sin nadie que pudiera relacionarlo con la muerta, saldría sin lugar a duda limpio por tercera ocasión.

Por el momento era noche buena, e iba a celebrar de lo lindo con el dinero de la loca que lo contrató. Pronto tendría más, para realizar sus pequeños e insignificantes sueños.

Capítulo XV
Dudas y certezas

Llegué a la casa con la esperanza de encontrar a Marta allí. La busqué hasta debajo del periódico sin encontrarla. Me desnudé de mala gana y cerré la puerta con doble cerrojo. Me bañé con el arma sobre el tanque del inodoro, desenvolví un sándwich que compré en los bajos y me lo comí sin calentar, empujándolo con una Coca Cola que aún estaba fría. Vi a Poe sobre el sofá, dándome ganas de quemarlo a él junto con todos sus cuervos. Me tendí sobre la cama, sabiendo que no iba a dormir en varias horas y me dispuse a pensar.

La entrevista con el senador me había creado más preguntas que respuestas. A tal punto que la idea de que él fuera el asesino o su autor intelectual se me estaba esfumando de la mente. Su completo desinterés por todo, salvo por el futuro de Gloria, parecía auténtico.

Por supuesto que tuvo tiempo para prepararse para la entrevista, pero tendría que ser el mejor mentiroso del planeta para salir ileso de todas las trampas que le tendí.

Pareció contrariado cuando le hablé sobre la muerte de su amante y enojado al mostrarle que sabía cosas íntimas como el embarazo... ¡El embarazo de Gloria!

Casi me caigo de la cama. En ninguno de los reportes del forense se menciona nada del embarazo de la víctima y que yo sepa, es obligatorio hacer la prueba en una autopsia. Leí cuidadosamente todas las páginas del reporte dos veces, para no pasarlo por alto y nada. O el forense era un inepto o la chica del agua no era Gloria.

Una luz se encendió al final del túnel y decidí seguirla. Faltaban muchas horas para que amaneciera y no iba a pegar un ojo en toda la noche. Así que preferí vestirme y salir a algún club nocturno o a caminar por el malecón de La Habana, no estaba seguro de lo que me ayudaría más.

A mitad de la escalera choqué cara a cara con Marta. El club nocturno y el refrescante malecón habanero se jodieron y bien jodidos.
Allí mismo, en los escalones de mármol gris, comenzamos a hacer el amor como dos adolescentes. La baranda de hierro torcido hacía un ruido espantoso con cada roce de nuestros cuerpos. La incomodidad del lugar y la posibilidad de que algún vecino nos sorprendiera hizo más excitante el momento. Nos enfrascamos en una pelea para quitarnos lo más esencial de la ropa, facilitando en lo posible el acto en sí sin desnudarnos por completo.
El roce de la tela y la resistencia de los botones, nos hacían reír como niños. Me levanté de los escalones donde estaba sentado con ella sobre mí y subí los veinte pasos que bajé, con un desgaste muscular que ella aprovechó cuando llegamos a la cama. Se desvistió sin dejar ni un segundo de amarme y me desnudó de igual modo, mostrando una destreza digna de una enfermera de urgencias en medio de un accidente masivo.
Estuvimos dos horas sin apenas descansar. La dejé acostada, aparentemente durmiendo y le robé un cigarrillo de su bolso, lo encendí y fui al balcón a fumar.
Mi cuerpo desnudo sintió la frialdad de la madrugada y el aire fresco llenó mi pecho con una sensación agradable. La ciudad dormitaba a mis pies. Una melancólica melodía me llegaba de algún lugar ilocalizable en el éter nocturno. Las luces se apagaban una a una, haciendo más oscura la noche y más brillantes las estrellas, que acompañaban a la luna en su viaje hacia la mañana.
Terminé el cigarrillo, lancé el cabo al vacío y regresé a la cálida cama. Traté de acostarme sin perturbar su descanso y cuando ya me lograba acomodar ella me habló.
— ¿Me alcanzas uno a mí?
— ¿Quieres que haga café?
— ¿A esta hora? —sonrió sin abrir los ojos.
— Cualquier hora es buena. Además, tengo que salir temprano.

— ¿Ya te estoy aburriendo... tan pronto?
— El hombre que se aburra contigo no merece respirar.
Pareció complacida con el cumplido y se acurrucó al lado de la almohada, con una sonrisa bella en sus labios.
Preparé el café y se lo traje con la cajetilla de cigarros, le toqué suavemente en las nalgas con mi rodilla y se dio la vuelta, estirándose cuan larga era.
Mantuve la taza frente a ella por unos segundos hasta que se echó hacia atrás, apoyando la espalda en la cabecera de la cama, luego la tomó con ambas manos y bebió despacio mientras yo la mirada, tratando de disimular lo atraído que me sentía por su belleza. Me miró por encima de la taza, satisfecha en su amor propio del efecto que causaba en mí.
— ¿A dónde tienes que ir tan temprano?
— Voy a ver a un doctor, un tal Sergio Echevarría.
— ¿Estás enfermo? Porque anoche no se te notó ningún malestar.
Ambos sonreímos. Puse su taza junto a la mía y encendí dos cigarrillos al unísono, le alcancé uno y fumamos en silencio por unos instantes.
— Es un médico forense, tengo algunas dudas que espero que me aclare.
— ¿Es sobre mi hermana?
— Espero que no. Si el doctor me confirma lo que sospecho, toda la investigación dará un giro inesperado.
— Me da la impresión de que estás alargando el asunto por algún motivo. ¿Acaso mis visitas te distraen del trabajo?
Siguió sonriendo. Hoy estaba mucho mejor de ánimo y temía echarle a perder el día con detalles oscuros.
— Tus visitas me hacen mucho bien. Tanto que tal vez me hagan mal cuando se acaben.
— No pensemos en eso. ¿Quieres?
— De acuerdo. Voy a bañarme.
Me bañé y me vestí. Marta se volvió a dormir o lo fingió, de igual manera seguía pareciendo un ángel, un ángel que pronto regresaría de vuelta al cielo, dejándome en un infierno que olía a violetas.

LA LLUVIA DE SUS OJOS

Le escribí una nota y cerré bien la puerta y las ventanas. Aún estaba oscuro cuando salí a la calle. Había muy pocas personas a esa hora, solo los que trabajaban temprano o los que volvían de las parrandas caminando en zigzag, subiendo y bajando de las aceras.
El efecto del café pasó pronto y el hambre me hizo entrar a una fonda a desayunar. Faltaban dos o tres horas para que comenzara la jornada laboral, pero quería ser el primero en llegar para ver al doctor antes que entrara a trabajar. Llegué al puesto de guardia del hospital y pregunté por el doctor.
— Él siempre entra por la parte de atrás del hospital, donde está la morgue —me dijo amablemente una señora que atendía a los pacientes—. Tiene que salir a la calle y dar la vuelta, porque a esta hora las puertas interiores están cerradas.
Salí como me indicó la señora y le di la vuelta a la manzana. La reja que daba acceso a la morgue permanecía cerrada con una cadena y un candado.
Esperé media hora recostado a la verja, hasta que un señor sobre los sesenta años vino directamente a la puerta con una llave en la mano. Cuando abrió el candado lo abordé con un saludo.
— Buenos días. ¿Es usted el doctor Echevarría?
— Buenos días, joven
Me respondió el señor, enfocándome con sus lentes de aumento, tratando de reconocerme.
- Creo que todavía soy ese doctor que dices, por lo menos un par de años más hasta que me retire. ¿En qué puedo servirle?
— Necesito hacerle unas preguntas sobre una autopsia que realizó a una joven.
El señor terminó de abrir la reja, la que chirrió al empujarla. Caminó delante de mí, indicándome con la mano que le siguiera. Andamos uno detrás del otro por un camino asfaltado de unos diez metros, flanqueado por palmeras enanas. Llegamos a otra puerta, el hombre

buscó en un manojo de llaves hasta encontrar la correcta y la introdujo en la cerradura.

Entramos directamente en un consultorio que obviamente fungía como oficina para el doctor. Se sentó detrás de un escritorio metálico que brillaba con el frío del acero, se quitó los espejuelos, los limpió y se los colocó exactamente en el mismo lugar en que se encontraban antes.

— ¿Es usted un policía, joven?

— No, doctor. Investigo la desaparición de una joven para la tranquilidad de una familia, que desea respuestas para poder seguir adelante.

El doctor asintió en silencio.

— Bien. ¿Qué es lo que desea saber exactamente?

— La mujer sobre la que deseo saber, fue sacada del mar a principios de enero. La autopsia la realizó usted el día nueve.

— ¿Cómo sabe la fecha con tanta seguridad?

— Porque leí el reporte que hizo del caso.

— Si leyó el reporte que escribí, ¿para qué me necesita? Todo está en ese informe.

Entendí lo que me quería decir el doctor. Venir a preguntarle sobre un informe que realizó, podría significar que no confiaba en sus conclusiones y por ende en sus conocimientos.

— No se ofenda doctor, no pretendo dudar de su trabajo. Lo que quería preguntarle era si es común hacerles a los cadáveres pruebas de embarazo, porque en el informe no se dice nada al respecto y la familia sostiene que la chica estaba embarazada cuando desapareció.

— No es común joven, es obligatorio. Si mal no recuerdo, hubo un solo caso de un flotador en esos días.

Dijo sacando de una gaveta una carpeta llena de papeles que desplegaba luego sobre la mesa.

Demoró un poco en encontrar lo que buscaba. Al hallarlo, sacó tres hojas pegadas entre sí, cerró la carpeta y la echó hacia un lado. Se acomodó los espejuelos y leyó pacientemente los papeles seleccionados.

Parece que la costumbre de trabajar con muertos le había dotado de una calma y paciencia infinitas, la misma que se observa en los viejos carpinteros, que suelen desesperar a todos a su alrededor mientras miden, marcan y vuelven a medir y marcar infinitamente.

Cuando hubo terminado, me observó por encima de los gruesos cristales con la misma expresión de mi profesora de matemáticas de sexto grado, cuando me comunicaba que debería traer a mis padres para hablarles sobre mis notas.

— Está bastante claro joven, la chica sacada del agua no estaba embarazada ni lo estaría nunca, aunque no hubiese muerto.

— ¿Y eso por qué, si se puede saber?

— La pobre chica tenía una deformación en las trompas de Falopio, que le impedían ser madre sin importar cuánto lo intentara.

— Eso no sale en el reporte.

— Porque no era relevante, pero lo recuerdo bien. Era un cuerpo terriblemente amputado por algún animal y en muy mal estado, por estar a merced de los elementos, sobre todo del agua. Que yo recuerde se mandó el cuerpo a cremar, porque no era reclamado por nadie. ¿Apareció algún familiar?

— Sí, una hermana.

— Es bueno saber que el trabajo de uno sirve para algo. Al menos es un alivio para la familia saber qué le ha pasado a un ser querido, aunque sea lo peor.

— Tiene toda la razón. Le comunicaré a la familia la parte que ha jugado en la identificación del cuerpo.

— Gracias, joven, gracias.

— Ahora tengo que irme —le dije poniéndome de pie—. Ha sido un placer conocerlo, doctor Echevarría.

— El placer es mío, joven. Vaya con Dios.

Me estrechó la mano y salí de allí estupefacto de la sorpresa. Busqué un teléfono público y llamé. Esperé que diera dos timbrazos y colgué. Luego llamé de nuevo y alguien del otro lado levantó el auricular.

— Ya terminé y voy de regreso, necesito que me esperes allí —colgué sin esperar la respuesta y busqué un taxi para regresar a mi apartamento lo antes posible.
Corrí escaleras arriba y abrí la puerta. Marta había tomado prestada una silla de las dos que tenía y estaba sentada en el balcón. Al sentirme entrar, ladeó la cabeza en mi dirección y me saludó con una sonrisa triste, la misma sonrisa que me regalaba desde que me contrató. Pasé por su lado, le acaricié la mejilla con el dorso de la mano y me recosté en la baranda.
— Hace un día precioso —dijo mirando a la calle y recostando la cabeza al marco de la puerta—, hay sol pero no calienta demasiado, casi perfecto para ir a la playa. ¿Te gusta la playa, señor detective?
No sabía si la melancolía iba a abandonar a esta chica algún día. Su alma se esforzaba por ser alegre o al menos normal, pero la maldita tristeza seguía saliendo, como la humedad en una pared vieja, ya sea en sus palabras o en su mirada.
Esperé sinceramente que el tiempo se encargara de purificarla y volviera a ser la mujer que se empeñaba en interpretar.
— Me gusta. Siempre y cuando el agua no sea salada y esté tibia, la arena no se meta en cuanto agujero tiene uno en el cuerpo, el sol no caliente demasiado...
— ¡Pero qué exigente! Mejor pida también mojitos fríos, chicas guapas, sirvientes echándole fresco y a mí dándole un masaje en los pies.
— Ya nos estamos entendiendo. Sabía que eras la mujer de mis sueños.
Ambos reímos. Ella extendió su mano y yo se la tomé, acariciándole suavemente el dorso con mi pulgar. Se quedó pensativa unos instantes, como si quisiera decirme algo y al final se decidió.
— Mi esposo regresa pasado mañana. ¿Sabes qué significa eso?
— ¿Qué a tu matrimonio le quedan dos días?
Sonrió ante mi persistencia de seguir bromeando ante el tono de seriedad que pretendía darle al asunto y quedó nuevamente pensativa, dudando si seguir con el tema o dejarlo.

— No te preocupes, no voy a hacer ninguna escena ni te voy a exigir nada. Desde el comienzo supe que sería solo una aventura. Alguien como yo está acostumbrado a eso.
— ¿A qué, a no tomar las relaciones en serio?
— No. A disfrutar los momentos felices sin pretender ser feliz para siempre, hacer lo contrario siempre termina con una decepción.
— ¿Crees que serías feliz conmigo?
La misma pregunta me la habían hecho quince años atrás y en aquella ocasión respondí entusiasmado que sí.
Luego la vida me enseñó que no somos dueños de nuestro destino. Por tres años de felicidad, estaba pagando doce de nostalgias, penas y soledad.
La balanza era demasiado desequilibrada para medir la fortuna. En ocasiones como en la que me hallaba, cuando encuentras a alguien especial y el espíritu se eleva momentáneamente, las personas que nunca han sufrido o las muy positivas se lanzan al abismo de las probabilidades y entregan su alma al destino una y otra vez, para que el destino se las devuelva en pedazos una y otra vez. Yo no era de ese grupo de personas.
El dolor no se me olvida y aunque puedo disfrutar los buenos momentos que brindan las experiencias diarias, me cuesta mucho creer que soy alguien escogido por un ente supremo o por el universo, para ser tocado con la gracia de la felicidad eterna. Por eso, cuando Marta me preguntó le respondí que no.
Ella pareció decepcionada con mi respuesta y no pidió explicaciones. Era una mujer inteligente, sabía que nunca le respondería que sí, ni siquiera queriéndolo.
Me miró como si me viese a través del tiempo, con una muy leve y triste sonrisa, reflejo de lo que sería una risa verdadera al verme entrar en la casa y besar a nuestros hijos. Cosa que jamás sucedería, al menos en esta vida y los dos estábamos convencidos de eso. Rompí el hermoso momento de mutua contemplación con una pregunta.

— ¿Ustedes tienen algún otro familiar en el campo, con quien Gloria haya podido ir a vivir?
— Definitivamente no. No dejamos a nadie atrás. A pesar de ser del campo, nuestra familia es sumamente pequeña. Solo tenemos un tío y también vive aquí, en un solar de Centro Habana.
Pero ¿por qué me haces esa pregunta, acaso no estás seguro de que Gloria...?
— Ahora no estoy seguro de muchas cosas. ¿Quieres saber qué he averiguado? Te anticipo que no es nada agradable.
— ¿Más desagradable que perder una hermana a manos de mi cuñado? Creo que no hay nada peor.
— Resulta que sí. Al parecer Gloria no está muerta, ahora vive en casa del senador. Quien murió es la otra gemela, la que era su esposa. O los dos se pusieron de acuerdo para eliminarla o uno de los dos lo hizo a espaldas del otro, lo que creo difícil, pues están bajo el mismo techo y no han dado parte a la policía de la desaparición.
A medida que le daba mis conclusiones a Marta, se le transformaba el rostro de alegría a tristeza, de tristeza a sorpresa y de sorpresa a terror.
Sabía que la estaba torturando, pero decirlo rápido y directo era mucho mejor que ir descubriéndolo de a poco. Los que se han quitado una curita, saben lo que estoy diciendo.
— ¿Qué estás diciendo, que mi hermana mató a mi otra hermana?
¡Qué mente tan perversa tienes! ¡Maldigo la hora en que te contraté, enfermo de mierda!
El llanto, mezclado con los gritos y sazonados con golpes que terminaban en mi cara y pecho, conformaban un cuadro que yo no me esperaba.
Es normal mitigar el dolor, tratando de infringirlo en otra persona o en objetos, pero ella pegaba muy fuerte para aguantar los puñetazos indefinidamente, así que cuando disminuyó un poco la fuerza de los golpes, la sostuve por las muñecas y traté de calmarla.

LA LLUVIA DE SUS OJOS

Estaba descompuesta por completo. Toda la tensión de esos días de incertidumbre y malas noticias explotaron de una vez y yo tuve la mala suerte de ser el receptor de toda esa furia. Eventualmente se calmó y pude sentarla en la cama. Fui a la cocina y le hice un té de tila con miel que me agradeció. La abracé y así permanecimos una hora.

— Perdóname. Estoy avergonzada.

— No hay nada que perdonar. No puedo ni imaginarme por lo que estás pasando, bastante fuerte eres.

— Solo soy una llorona, lo siento... ¿Te dolieron mucho los golpes?

— Me han dado más duro en algunos bares y he sobrevivido.

Sonreímos, aliviados de que el peor momento pasara sin habernos separado. Nos abrazamos fuerte y me percaté de que estábamos lamiendo nuestras heridas, como un par de viejos lobos, conscientes que a nadie más le importaría nuestro dolor. El de ella muy reciente y el mío casi cicatrizado.

— Tenemos que ir a casa de tu hermana y confrontarlos.

— No, Antonio, no me hagas eso —casi me rogó.

— Es la única manera de saber toda la verdad y si voy solo no me dejarán pasar de la reja exterior. Mientras más rápido salgamos de esto será mejor para todos.

Ella suspiró profundo, meditando la propuesta. Levantó la vista hasta encontrarse con la mía. Todavía estaba frágil y vulnerable, pero aun así su voz sonó decidida y segura.

— Tienes razón, terminemos lo antes posible. ¿Te puedo pedir algo?

— Claro.

— Lleva tu arma, si ese desgraciado mató a Caridad puede intentar cualquier cosa.

— Por supuesto que la llevaré, no te preocupes.

— ¡Qué lástima que no te conocí antes! --dijo emocionada.

Capítulo XVI
El valor de la vida

Pasó la noche buena como cualquier otra. El ambiente festivo y feliz se extendía a todas las personas, que se saludaban y se deseaban un buen fin de año y principio del otro. Ernesto estaba listo para realizar la jugada. Cuando el amante se fuera y después que el casero saliera a jugar bingo, él se encargaría de la puta. Solo debía tener paciencia y saber esperar el momento adecuado.

Ese momento llegó dos días después. El hombre del auto negro llegó temprano, no era mediodía todavía cuando lo vio asomado en el balcón cogiendo fresco, seguramente después de haber hecho el amor.

El Chevrolet se apareció a la una de la tarde y se fue luego de diez minutos. Pensó que la mujer se había quedado sola, pero al rato volvió a ver al hombre por la ventana abierta. Dedujo entonces que el chofer les trajo el almuerzo.

El auto regresó a las cinco y esta vez vio la silueta del amante en el asiento trasero del coche cuando pasaron por su lado. Al rato, la chica salió y se dirigió a la casa de una de sus amigas, donde estuvo por dos horas y media. Cuando el reloj marcó las ocho de la noche ya estaba de vuelta. El casero salió como de costumbre a su juego de bingo y casi al unísono la futura víctima cerró las ventanas y la puerta del balcón.

—-Hoy es el día —se dijo Ernesto para darse ánimo.

Inmediatamente le dieron unas ganas incontrolables de ir al baño. Sabía que no era un malestar físico, era el nerviosismo que acompaña una acción de este tipo.

Caridad llevaba esperando media hora. El chofer la había dejado en este pequeño restaurante, al cual su marido la había traído algunas veces en los últimos meses, aunque no era de su agrado.

Hacía días que no llegaba a casa para cenar, por eso le extrañó tanto que hoy la citara para comer en aquel lugar.

Su perro sabueso le pidió que le esperara aquí, porque tenía algo muy importante que decirle.

Ella se imaginaba lo que podía ser y estaba preparada para ganar tiempo, pues en cualquier momento le llegaría la noticia de que la prostituta que le estaba robando a su marido había pasado a mejor vida. Ernesto le llamó en la mañana y le comunicó que, si todo marchaba según lo planeado, antes de la media noche todo habría acabado.

Ya tenía todo el dinero y las joyas escondidos en un lugar seguro, para pagar por su felicidad. Entonces empezaría todo de nuevo para ambos y una oportunidad se abriría ante ella, para la reconquista del terreno perdido.

Quizás con esta lección, el gran senador acabe por comprender que su vida estaba ligada a la de ella por algo más fuerte que el amor y la pasión... el destino.

Mientras bebía vino, vio a través del cristal del restaurante que llegaba su marido a pie. Entró al local saludando a todos como buen político que era.

Le pidieron el saco y lo colgaron en una percha de madera a la entrada. Luego se sentó frente a ella, sin saludarla ni sonreír. Le trajeron una copa que el mesero llenó con el mismo vino que su mujer estaba tomando. Dejó la botella sobre la mesa y se retiró a una señal del senador.

De dos tragos vació el contenido. Daba la sensación de estar algo nervioso y que trataba de relajarse con la bebida, pero en realidad estaba acumulando valor, para decirle a su mujer que esa misma noche le dejaría, para irse a vivir con su hermana.

Ya su chofer estaba recogiendo los documentos importantes y haciendo las maletas de su jefe para que, cuando salieran del restaurante, Caridad no tuviese ninguna oportunidad de hacer una escena durante la separación y mucho menos pudiera tomar alguna represalia, usando los papeles del gobierno que guardaba en su caja fuerte, junto a una buena

cantidad de dinero en efectivo y oro. El senador no era tonto, sabía que la separación le costaría mucho y trataba de minimizar los daños.
Luego el chofer y hombre de confianza, iría por Gloria. Se encontrarían en el parque, a dos cuadras de su casa como acordaron y luego recogería al senador cerca del restaurante, para llevarlos al apartamento donde vivirían hasta que se aclarara la situación con su esposa.
— ¿Vas a pedir algo de comer o solo te emborracharás?
Le dijo Caridad, al ver que ya iba por la tercera copa sin hablar absolutamente nada.
— Te voy a dejar —dejó caer como una bomba atómica en medio de los dos
—. Y será ahora mismo, esta noche.
Caridad demoró unos largos segundos en cerrar la boca y tener conciencia de las palabras de su esposo. Sin cambiar la cara de sorpresa, ni achicar los enormes ojos abiertos, le respondió sin estar segura de haber escuchado bien.
— ¿Es una broma? Porque si es así, no le veo la gracia por ningún lugar.
— No es broma. Ojalá lo fuera. Hace algún tiempo que salgo con alguien y estoy enamorado de ella. Creí que era mejor que lo supieras por mí y no te enteraras por boca de alguien más, porque...
— Sé muy bien de quién te enamoraste, no soy tan estúpida para no darme cuenta.
Leopoldo Morales levantó la vista, que hasta ese momento había mantenido clavada en los arabescos del mantel de la mesa, sin atreverse a mirar a su esposa a los ojos. Se encontró con una mujer llena de odio, que le atravesaba con la mirada.
— ¿De verdad crees que yo no lo sabía? Pues lo sé todo, dónde vive, su nombre de puta, lo que te hace de comida, la hora en que llegas y la hora en que te vas. ¡Todo!
Morales no sabía si sentir alivio o preocuparse. Por un lado, ya no tendría que alargar la despedida explicando lo sucedido y por el otro, que ella supiera dónde vivía su hermana, significaba que le estaba

siguiendo y que tal vez ya había tomado sus precauciones y planeado una venganza. El senador prefirió ser directo y no demorar inútilmente la situación.

— Si ya lo sabes mejor, no tenemos que hacer un drama de esto. Nuestra relación siempre fue una farsa y como toda mentira, llega un momento que se hace insostenible.

— Guarda esos discursitos para tus amigotes del senado. Ella es una vulgar puta y tú eres un imbécil, que se cree que una asquerosa como ella se va a enamorar de un viejo como tú. Lo único que quiere es tu dinero.

— Ella siempre me ha amado y yo a ella.

Caridad se levantó de su asiento y se inclinó, amenazando con pasar sobre la mesa y subírsele encima para acuchillarlo con la copa de vino.

— ¡Se te olvida que gracias a mí es que eres senador de la república! ¡Yo puedo hundirte moviendo uno solo de mis dedos! ¡Yo sé de todos tus sucios secretos, de tus amantes, de tus chantajes, de tus favores!

— ¡Caridad, contrólate, nos están mirando todos!

— ¡Que nos miren! ¿Qué me importa? Todos tienen derecho a saber que me dejas por una prostituta de cuatro centavos.

— No tienes que ofenderla...

— ¿Vas a defender a esa zorra descarada, sucia y traidora?

— Sabes bien que Gloria no es ninguna puta y tampoco traidora. En todo caso la traición la comenzaste tú, aquel día en el cañaveral, ella solo recuperó lo que le pertenecía, lo que siempre fue suyo y tú se lo robaste. —El hombre había tomado el control de la discusión y no se percató del cambio en el rostro de Caridad—, además... está esperando un hijo mío.

Caridad se desplomó en la silla, perdiendo la fuerza bajo el tamaño de la noticia. Cuando la sorpresa le permitió hablar, su voz sonaba como la de un autómata.

— ¿La mujer con la que te estás viendo... es Gloria? ¿Y está embarazada?

— Me dijiste que lo sabías todo... yo pensé que... te referías a... a eso.

Ahora la sorpresa era de parte de ambos. Se quedaron en silencio. Él bajó el mal momento con lo que le quedaba en la botella, bebiendo directamente de ella y Caridad parecía estar en algún tipo de trance, tratando de encajar todas las piezas en su lugar. De pronto pareció recordar algo y dando un salto se puso de pie.

— ¡Gloria, por Dios!

Salió corriendo del restaurante, perseguida por Morales. A los pocos metros soltó los zapatos que le incomodaban y aceleró, como aquella niña que corría por el batey donde nació, detrás de los potrillos del padre.

Pronto dejó atrás al senador, que no estaba acostumbrado a correr de ese modo. Intentó coger un taxi, pero recordó que la cartera y el dinero se quedaron en el bolsillo del saco y luego de debatirse entre seguir corriendo o regresar al restaurante, se decidió por lo último.

Caridad atravesó media ciudad en pocos minutos. No sentía sus pies lacerados por el pavimento, ni las uñas quebradas, ni el peinado que terminó por soltarse y caer, como una rubia bandera que ondeaba al viento. Lo único que le preocupaba, era llegar a casa de su hermana demasiado tarde.

Sabía con certeza que ese día planeaban matarla, pero había una posibilidad y eso bastaba para correr como una gacela endemoniada, sin importarle los autos ni los semáforos.

Llegó al edificio y entró por la puerta principal. Subió los escalones de dos en dos y llamó desesperadamente a la puerta de la habitación ciento dos. Al no recibir respuesta bajó las escaleras corriendo, se dirigió a la recepción y observó los juegos de llaves en un pizarrón. Tenían un cartelito debajo con el número de las habitaciones.

Tomó el que coincidía con el de la hermana y se lanzó nuevamente escaleras arriba, abrió la puerta y recorrió todo el lugar, llamando a Gloria. Al darse cuenta de que ella no estaba y temiendo haber llegado tarde, buscó algo que le pudiera dar una pista de que aún estuviese viva.

Sobre la mesita de noche vio el retrato de una mujer, posando en la calle con una falda muy provocativa y recostada a un farol del alumbrado público. Efectivamente era su hermana.

Al lado de la foto estaba una agenda negra y la abrió. Se percató de que era un diario y lo hojeó rápidamente, deteniéndose en la última página, donde decía que estaba embarazada.

Caridad sintió resurgir su ira, pero esta vez era contra el hombre que amaba a su hermana. Tiró el diario sobre la cama y con un lápiz que encontró sobre la mesita escribió con furia la palabra COBARDE en letras mayúsculas y luego garabateó sobre ella frenéticamente, partiendo el grafito en su superficie.

Caridad se calmó un poco y se irguió con el lápiz apretado en el puño, sintió un ruido a sus espaldas y se volteó, feliz de poder salvar a su hermana de su propio odio...

Capítulo XVII
Víctima de su propio plan

Ernesto se aproximó al edificio donde vivía Gloria, lo rodeó y entró al callejón que daba a la parte trasera. Al lado de los contenedores de basura dormía un indigente, cubierto por una improvisada casa de cartón y protegida de la lluvia por los aleros de la construcción.

Siguió de largo sin prestarle mucha atención y llegó a una puerta con una reja de hierro. Ninguna de las dos estaba cerrada, seguramente para facilitar el paso de quienes usaban esta salida. Llegó al pie de la escalera y se detuvo para asegurarse que nadie le observaba.

Subió sin hacer el más mínimo ruido, aunque estaba nervioso. Alguien escuchaba la radio en algún lugar. Caminó hasta los apartamentos que daban al frente del inmueble. El de la mujer era sin dudas el del centro, marcado con el número ciento dos en dorado.

Para su sorpresa, la puerta estaba abierta y se escuchaba a la inquilina en su interior. Entró de puntillas para no alertarla y siguió los pequeños ruidos que provenían del cuarto. Ella estaba de espaldas a la puerta, leyendo algo que sostenía en sus manos, descalza y con el cabello suelto y enmarañado. Parecía que, acabada de tener un combate a muerte con alguien, aunque lucía un vestido de noche muy bonito.

Ernesto se arrepintió de ahorcarla, le pareció en ese momento que no era una buena opción. En persona parecía más fuerte que en la distancia y si no la dominaba rápidamente los vecinos podrían escuchar algún ruido.

Sin llegar a entrar en la habitación, buscó a su alrededor y vio un candelabro de bronce sobre el escaparate de madera. Miró la imagen de la Virgen que estaba a su lado y sintió algo de temor. Terminó por decidirse y tomó el candelabro.

Se acercó un poco más, aprovechando que ella golpeaba la libreta que había echado sobre la cama con furia. La mujer se detuvo y pareció

calmarse sosteniendo un lápiz en su mano derecha. Cuando estaba a solo un metro de su víctima, esta pareció escuchar o sentir algo a sus espaldas. Se giró y en ese preciso momento Ernesto le golpeó con toda su fuerza en la cabeza.
En medio del movimiento, le pareció reconocer a la mujer, pero la velocidad y la inercia le hicieron imposible detener el golpe.
Caridad cayó sin oponer ninguna resistencia. En el suelo, su rostro se vio claramente y Ernesto entró en pánico.
Recorrió todo el apartamento, tropezando y regándolo todo, hasta que se sentó y trató de calmarse. Respiró profundamente y pensó cuál sería el próximo paso. No podía dejar el cuerpo aquí, porque alguien lo podría relacionar con ella. Fue al baño y arrancó de un tirón la cortina de nylon y la puso desplegada al lado del cuerpo que todavía estaba caliente. Por suerte para él no sangraba casi nada.
La envolvió en la cortina junto con el candelabro de bronce y bajó las escaleras con el corazón en la garganta. Salió por la puerta trasera, caminó con ella sobre su hombro y al llegar a uno de los contenedores de basura que estaba abierto, arrojó el cuerpo dentro, lo cerró y cruzó la calle corriendo.
Se subió al taxi y dio la vuelta a la manzana, lo detuvo en la salida del callejón y dejó abierto el baúl. Regresó y abrió el contenedor, se cercioró de que el mendigo seguía durmiendo y metió el cadáver en la cajuela del auto. Se puso al volante y desapareció de la escena del crimen.
Condujo hasta la costa de Cojímar y rentó un pequeño bote, con el dinero que le quedaba del adelanto. Esperó a que se hiciera más oscura la noche y trasladó el cuerpo hasta la embarcación.
Una vez allí remó lo más lejos que pudo, desenrolló el cuerpo de Caridad y le amarró el candelabro de bronce a una pierna, lo echó al agua por la borda y regresó a la costa. Amarró el bote al pequeño embarcadero y se dirigió al parqueo.
Condujo de vuelta a la ciudad, atravesó la bahía por el túnel sumergido de La Habana y salió al otro extremo. Al estar de nuevo en su zona de

confort se relajó. A pesar de las circunstancias las cosas no habían salido tan mal.

De pronto cayó en la cuenta de que no podría cobrar por su servicio, al haber asesinado a su contratista.

Dio un golpe tremendo en el volante y se exasperó por un segundo, suficiente para no ver el camión Ford de mudanza que le embistió por el costado izquierdo del vehículo, justo donde él estaba, pagando con su vida el haberse saltado la luz roja del semáforo.

Capítulo XVIII
Juntos para siempre

El senador Leopoldo Morales regresó por su cartera al restaurante. El camarero le ayudó a ponerse el saco y le preguntó si quería que le llamara un taxi. El senador dijo que no y salió a la calle.

Era imposible alcanzar a Caridad a pie, nunca le había visto correr de esa manera. A juzgar por lo que le escuchó decir antes de salir corriendo, parecía que se dirigía a casa de Gloria.

Calculó que a su chofer le había dado tiempo de sobra para recoger sus cosas en la casa e ir por ella. Ahora deberían estar de vuelta para encontrarse con él e ir juntos al apartamento del edificio del Vedado, donde vivirían hasta que las cosas tomaran su lugar.

Decidió caminar todo lo rápido que pudiese, por el mismo camino que tomaría el chofer en su viaje de regreso. En efecto, cuando ya había andado unas dos cuadras, observó su coche que venía por la senda opuesta. Suspiró aliviado al ver a Gloria en su interior, sonriendo y llena de felicidad, pues ya el chofer le había adelantado algo de los planes de su jefe. Subió a la parte de atrás del vehículo y se enfrascó en un ardiente beso con su amada, bajo la discreta mirada del conductor.

— Vamos a nuestro apartamento —le dijo a su compinche, con una sonrisa de satisfacción y libertad.

— ¿Y las cosas que aún me quedan por recoger? —protestó Gloria alegremente.

— Todo lo que necesites te lo daré, no te preocupes por nada.

Y se abrazaron nuevamente en una tranquilidad semejante a la que sigue a las tormentas, una tranquilidad que tiene una sensación de pérdida y de porvenir, de desgracia y esperanza.

Le esperaban nuevas pruebas seguramente, pero al menos se tenían el uno al otro y alguien en camino, que prometía unirlos para siempre.

Al no aparecer Caridad en toda la semana, el senador desencadenó una búsqueda en la capital para encontrarla. Siguieron todas las pistas, preguntaron y visitaron a todas las personas que pudieran tener algún contacto con la desaparecida sin resultado alguno.

Morales personalmente seguía a diario los reportes de fallecidos sin identificar. Uno de esos reportes llamó su atención. Fue a ver el cuerpo y reconoció a su esposa, pero en una jugada arriesgada, prefirió dejar las cosas como estaban.

Regresó donde Gloria y le ocultó la noticia por su salud y por la del niño. Si identificaba a su mujer, todo apuntaría a él por ser visto en el restaurante discutiendo con ella. Lo más seguro era que su libertad se viera comprometida, además de su senaduría y el futuro de su familia.

Dos días después y tomando todas las precauciones que pudo, le contó todo a Gloria, quien después de llorar a su hermana, estuvo de acuerdo con la decisión de ir a vivir los dos a su antigua casa y con el deseo de que nadie supiera su verdadera identidad.

De todas maneras, su vida no era algo de lo que estuviera muy orgullosa. Luego se mudarían y si no aparecía ningún problema, reportarían a Gloria como desaparecida, evitando así un escándalo que les perseguiría el resto de sus vidas.

La tranquilidad no les duró mucho. Un investigador privado llegó a la puerta de su casa preguntando por el senador y realizando luego un montón de averiguaciones que les hicieron temer por la seguridad de ambos y del secreto.

El senador sacó todo el dinero que guardaba en el banco, cobró los favores que le debían, compró otra casa que puso a nombre de su mujer, por si perdía la que ocupaban y habló con toda su familia para que la ayudaran si él terminaba en la cárcel.

El dinero lo pusieron en una cuenta que estaba a nombre de uno de sus hermanos. Terminados todos los preparativos, se dispusieron a rezar y esperar a la policía.

En su lugar, se apareció la hermana mayor de Gloria, acompañada por el molesto detective.

Marta y Antonio se vistieron con la parsimonia de quien asiste a un velorio. Bajaron las escaleras donde hicieron el amor dos noches atrás y salieron a la calle. Allí les esperaba un taxi. No se dijeron nada durante el viaje, ambos sabían que se dirigían a una situación dramática, incluso traumática.

El taxi poco a poco dejó atrás la zona vieja de la ciudad y se encaminó a la residencial y más moderna del Vedado habanero.

Se miraban tomados de la mano, dándose ánimos para enfrentar a la pareja realmente con nada. Ninguna prueba sólida apuntaba hacia ellos, solo la lógica y el raciocinio y con mucha frecuencia eso no bastaba para hacer confesar a un asesino.

El taxi los dejó frente a la casona. Tocaron un timbre eléctrico, situado al costado de la reja de hierro y una sirvienta que contrataron para ayudar con los quehaceres, acudió a atenderlos.

— Buenos días —dijo—. ¿En qué puedo ayudarles?

— Soy Marta, la hermana de... Caridad y él es mi esposo. Vinimos a visitarla. A ella y al senador.

— Sí, como no. Los dos están en casa. Pasen, por favor.

Caminaron detrás de la empleada hasta el recibidor de la casa. Amplio, moderno y agradable. El granito blanco del piso brillaba como un cristal y un espejo que se llevaba toda la pared del lado derecho, daba una sensación de profundidad excelente.

— Esperen aquí si lo desean, avisaré a la señora de su visita —dijo, dando media vuelta y desapareciendo en el interior del inmueble.

En pocos minutos se presentó la dueña, solo se paró en la entrada del recibidor y la reacción fue inmediata por parte de Marta. — ¡Gloria! —gritó y se abalanzó hacia ella.

Se fundieron en un abrazo, fuerte y estrecho, como solamente se abrazan los hermanos y algunos borrachos.

— Pensé que te había perdido. ¿Por qué no me dijiste, por qué te ocultaste?
Al detective que observaba todo no le cupo ninguna duda. Las gemelas idénticas pueden engañar a muchos, incluso a sus parejas, pero no a una madre o a otra hermana, por alguna razón es imposible.
Ya la primera duda estaba confirmada. La difunta no era Gloria, sino Caridad.
Las lágrimas no les permitían hablar. Se besaban y se acariciaban. Marta se alejó un poco de su hermana y le miró el vientre.
— ¿Es verdad? ¿Voy a ser tía?
La otra asintió con la cabeza. Mientras redoblaba el llanto. Se volvieron a abrazar y así se mantuvieron hasta que el senador apareció en la escena.
Ellas se separaron poco a poco y pasaron las miradas del senador al detective, como si fueran los hombres los que tuvieran que aclarar el asunto más importante.
— ¿Cómo te encuentras, Marta? ¿Así que fuiste tú quien contrató al policía? Debí imaginarlo, nunca te he caído bien.
— Detective —aclaró Antonio.
— Esto no es por ti, Leopoldo —intervino Marta—. Quería encontrar a mi hermana, pero veo que tú la encontraste primero y como siempre pasa con todo lo que tocas, se convirtió en tragedia. ¿Qué tienes que ver con la muerte de Caridad?
— Si me lo permiten, les explicaré. Siéntese, señor detective.
— No, gracias. Estando de pie saco mi arma más rápido.
— ¡Dios bendito!
–Gritó la empleada y se hizo la señal de la cruz sobre el pecho y luego se llevó las manos a la cara.
— Nadie aquí va a sacar ningún arma. Caridad, tómese el día libre, puede irse ya.

LA LLUVIA DE SUS OJOS

La empleada le tomó la palabra al señor y desapareció por la puerta principal, sin quitarse siquiera el delantal blanco que cubría su negro uniforme.

El senador se sentó tranquilamente en un mullido sofá. Cogió una botella de cristal tallado que descansaba en una licorera con hielo y se sirvió un generoso vaso.

— ¿Desea un poco?
— Estando sobrio también soy más veloz.— ¡Vaya, usted está muy deseoso de disparar hoy! ¿No?
— La verdad es que no, para que vea. Solo dejo ver mi disposición si tengo que hacerlo.
— Le aseguro que no tendrá que hacerlo.
— Perdone si no confío. Mi abuela me enseñó a no creer en los políticos y mi abuela era una persona muy sabia. Gracias a sus consejos estoy así de grande.

El senador pareció cansarse del juego y se puso serio después de beberse medio vaso. Las mujeres tomadas de la mano observaban la confrontación.

El amor de Marta por su hermana era incondicional, si ella tuviera algo que ver con la muerte de Caridad posiblemente no le perdonaría, pero tampoco haría nada para que fuera a la cárcel y menos embarazada.

Antonio Alcaraz se sabía en desventaja, pero tenía que jugar según sus reglas. Si le tocaba no salir de allí, que así fuera, aunque el senador no parecía dispuesto a la violencia. Más bien se veía relajado, no al punto de estar seguro o confiado, pero sí relajado al estilo de estar resignado con su suerte. Su actitud no era de alguien que tiene planeado salir ileso; no era altanero como en el restaurante, sus movimientos eran lentos y tediosos, como si estuviese cansado de la vida.

En realidad, se había resignado a perder nuevamente lo que se demoró tanto en encontrar. Ahora que formaría una familia, Caridad se lo impedía desde el más allá.

Quizás ella tenía razón y estaban destinados a estar juntos y como él se había atrevido a ir contra los designios del universo, tenía que pagarlo con su libertad a pesar de no tener nada que ver con su muerte.

— Hay algo que me llama la atención. Obviamente sabía que vendría por usted y sin embargo no se ha escapado. Recursos tiene para eso.

— ¿Voy a tener que responderle otra ronda de preguntas?

— Más le vale, de lo contrario tendré que encañonarle hasta que llegue la policía.

El senador siguió tomando, parecía que quería pasar su primera noche en prisión con una buena borrachera.

— No me he marchado porque no soy culpable de nada.

— Pero sabía que su esposa estaba muerta, ¿cierto?

— Por supuesto. La identifiqué en la morgue, pero estaba seguro de que me culparían, porque discutimos frente a todos en ese maldito restaurante.

— ¿Me puede contar sin omitir detalles lo que pasó esa noche?

— ¿Es necesario? Mejor llame a la policía y terminemos con esto.

— No me pagan para meterle preso, me pagan para saber la verdad.

Morales se quebró y se puso a las órdenes del odioso detective frente a él. Se llenó el vaso y siguió bebiendo sin importarle que su mujer y su cuñada lo miraran desecho ante el inexorable hilo de la vida.

—Yo la cité allí esa noche con el pretexto de cenar. Dándole tiempo a mi chofer de recoger todos mis documentos y algo de ropa y dinero para ir a vivir con Gloria a un apartamento que tengo... o que tenía a escondidas de Caridad.

Le dije que la dejaba por otra mujer y ella me dijo que lo sabía todo, incluso me dio detalles que me convencieron de que tenía conocimiento que se trataba de su hermana; pero resulta que no tenía idea de eso.

Cuando se lo dije se quedó petrificada, entonces gritó: "¡Gloria, por Dios!". Y salió corriendo como loca, incluso se le rompieron los zapatos y siguió descalza. Nunca la había visto correr así.

Se detuvo para beber y siguió la historia.

— Traté de seguirla, pero no pude. Esperaba el regreso de mi chofer que había ido a buscar a Gloria, los encontré por el camino y nos fuimos al apartamento del que le hablé hace un momento.

Luego pasaron varios días sin saber de Caridad. Entonces nos preocupamos y comencé a buscarla hasta que la encontré en una morgue, horriblemente desfigurada.

Era obvio que se había suicidado y me sentí terriblemente culpable; pero esperaba un hijo y era responsable por él. Luego, decidimos continuar nuestra vida, con Gloria ocupando el lugar de Caridad.

Las hermanas se abrazaron y sollozaron sin hacer mucho ruido. El senador las miró e hizo un gesto de pena o de arrepentimiento.

— Me imagino que a estas horas ya habrá arreglado todos los papeles y vaciado las cuentas de banco.

Morales asintió con la cabeza, sin borrar de su cara el gesto de contrariedad y sin mirar al detective a los ojos.

— ¿No encontró nada extraño en las cuentas de banco de su esposa?

El senador meditó por unos momentos. Al parecer, el alcohol había embotado un poco sus sentidos.

— Ahora que lo menciona. Una cuenta que ella guardaba para pequeños antojos o emergencias estaba vacía.

— ¿De cuánto era la cuenta?

— No sé... unos dos mil quizás.

— No es suficiente para este tipo de cosas.

Dijo el investigador, hablando más para él mismo que para otra persona.

— ¿Caridad tenía joyas, objetos valiosos...?

— ¿Por qué pregunta esas cosas?

— Solo responda, por favor. Ya estamos terminando.

— Claro que tenía joyas, pero las he buscado y no las encuentro por ningún lugar. No me puedo imaginar qué hizo con ellas.

Antonio Alcaraz se ajustó los pantalones, que se bajaron por el peso del arma en la cintura y miró a las tres personas que se encontraban en el recibidor. Una de ellas, bebiendo para tener el valor de afrontar sus errores, atrapado entre la felicidad y la culpa.

Otras dos llorando a una hermana que nunca supo asumir el papel que le tocaba, viviendo existencias ajenas, que por causa del destino se voltearon en su contra.

Abandonó lentamente la casona sin que nadie se percatara o le importara, daba igual. Todavía no atrapaba al asesino material de Caridad. Eso sería un trabajo personal, por pura vanidad, tendría que seguirle la pista al dinero.

Su casa quedaba lejos para volver caminando, pero no pensaba en dormir ni en leer a su amigo Poe, ni siquiera pensaba en comer.

Solo quería caminar junto al mar y escuchar las olas rompiendo contra el diente de perro de la costa, bañando a los transeúntes con su fina lluvia de agua y salitre.

Miró hacia el cielo, que se oscurecía lentamente con algunas nubes grises, llamándole la atención el contraste que hacían tres gaviotas que lo surcaban rumbo al horizonte. Les deseó buena suerte en silencio y sintió las primeras gotas gruesas y tibias sobre su cara.

Una mueca recorrió sus labios, recordando la **lluvia de sus ojos**, esa que mojó su piel abrigado en las sábanas.

Miró nuevamente al cielo y dijo con la mirada perdida en las oscuras nubes que se cernían sobre la ciudad:

— ¡Maldito clima de mierda! —

y, echó a correr.

Robert S. McGraw.

Don't miss out!

Visit the website below and you can sign up to receive emails whenever Robert S. McGraw publishes a new book. There's no charge and no obligation.

https://books2read.com/r/B-A-PXMU-REZZB

BOOKS 2 READ

Connecting independent readers to independent writers.

About the Publisher

www.ingramcontent.com/pod-product-compliance
Lightning Source LLC
LaVergne TN
LVHW052048070526
838201LV00086B/5057